重庆文化研究

癸卯夏

Chongqing Cultural Research | 蔡武 题

《重庆文化研究》出版工作小组

主　任　　冉华章
副主任　　朱　茂
成　员　　潘文亮　许战奇　韩小刚　刘雪峰
　　　　　　宋俊红　严小红　高　扬　牟元义
　　　　　　刘德奉　张书源
主　编　　牟元义
执行主编　黄剑武
编　委　　黄剑武　周津箐　魏　锦　邹俊星

重庆市文化和旅游研究院
■ 重庆市非物质文化遗产保护中心　编
重庆市文化和旅游规划院

西南大学出版社
国家一级出版社　全国百佳图书出版单位

图书在版编目(CIP)数据

重庆文化研究.癸卯夏/重庆市文化和旅游研究院,重庆市非物质文化遗产保护中心,重庆市文化和旅游规划院编.-- 重庆：西南大学出版社,2023.7
ISBN 978-7-5697-1903-1

Ⅰ.①重… Ⅱ.①重… ②重… ③重… Ⅲ.①地方文化—研究—重庆—2023 Ⅳ.①G127.719

中国国家版本馆CIP数据核字(2023)第125105号

重庆文化研究 癸卯夏
CHONGQING WENHUA YANJIU　GUI-MAO XIA

重庆市文化和旅游研究院、重庆市非物质文化遗产保护中心、重庆市文化和旅游规划院　编

责任编辑：	畅　洁
责任校对：	王传佳
书籍设计：	杨　涵
排　　版：	李　燕
出版发行：	西南大学出版社（原西南师范大学出版社）
地　　址：	重庆市北碚区天生路2号
邮　　编：	400715
市场营销部电话：	023-68868624
经　　销：	新华书店
印　　刷：	重庆紫石东南印务有限公司
幅面尺寸：	210 mm×285 mm
印　　张：	7.5
插　　页：	8
字　　数：	200千字
版　　次：	2023年7月　第1版
印　　次：	2023年7月　第1次印刷
书　　号：	ISBN 978-7-5697-1903-1
定　　价：	35.00元

源远流传

这里所说的"源",是文化之源。而文化之源,指的不仅仅是根源,还有很多在发展中产生的具有源头性质的文化现象。

从文化的角度讲,文化现象都有自己的源头。

从文化发展的角度讲,文化现象都有自己的渊源。

从文化特性的角度讲,文化现象都有自己的历史性、地域性。

从文化时代性的角度讲,人们都在利用自己特有的资源,结合新的文化现象,创造出更具当代性的文化。

党的二十大报告指出,要"加强城乡建设中历史文化保护传承"。2023年6月2日,习近平总书记在"文化传承发展座谈会"上提出要"推动文化繁荣、建设文化强国、建设中华民族现代文明"。两者一脉相承,具体讲就是要"让马克思主义成为中国的,中华优秀传统文化成为现代的,让经由'结合'而形成的新文化成为中国式现代化的文化形态"。这是一个历史性的工程、划时代的工程、系统性的工程、创造性的工程。

本书着眼于这一重大观点、重大历史使命,收集整理了一些相关的研究成果,选择了具有一定代表性的研究案例,供学人们参考。当然,要对这一重大问题进行系统探讨,需要我们对其实际情况、未来发展等提出更具操作性的意见和建议,还需要有更多的专家学者积极参与研究。

在这里,我们想指出,在城乡建设过程中,一定要防止出现如下不良现象。

一是对历史文化保护传承的认识不科学。有的认为一些历史文化遗迹体量小、知名度不高,就随意地拆毁;有的简单处理文化遗迹保护与经济发展的关系,粗暴地搬迁文化遗迹,使其失去了文化原真性;有的忽视新建筑、新场景与历史文化遗迹的关系,既损害传统文化价值,也有伤现代场景内涵。

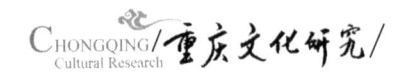

二是随意改造历史文化遗迹。有的缺乏历史文化保护意识以及相关的专业知识，随意改造历史文化遗迹，使遗迹失去了原有的风格，丧失了其价值内涵；有的甚至假借历史文化之名，臆造低俗、庸俗、媚俗的文化内容。

三是把历史文化市场化。有的假借乡村振兴、城市更新之名，简单粗暴地将历史文化与旅游、商业等结合，随意扩建文化场所，随意进行投资，随意新建项目，造成文化贬值、资源浪费。

四是忽视对新的文化资源的开发。有的虽然重视对历史文化遗迹的保护与开发，但对近代、现代、当代有影响力的文化元素的挖掘、整理、利用不够充分，历史文化与时尚文化、科学技术文化等元素的融合不够充分，所提供的文化产品粗劣、单一，缺少新意。

这里所指出的问题，只是当前存在的一些突出问题，在城乡建设过程中，还会出现一些关于历史文化保护与传承的新问题、新情况。这里没有提出更多的发展意见，只是警示性地指出问题，期待大家针对城乡建设中历史文化保护、传承、发展的时代需要，多提出建议，多贡献智慧，让优秀传统文化长久地流传下去，让历史文化为中华民族现代文明的发展贡献力量。

编者
2023年6月6日

目 录

政策研究
1 重庆市合川区钱塘镇金子沱区域历史文化研究报告　魏锦　杜娜　郭凌燕　陶宇　孙慧

文艺评论
24 重庆文化和旅游研究系列评论
　　——评实验评书剧《李顺盗墓》之一

基础研究
49 革命:从历史到文化的转化
　　——对"重庆革命文化"及其体系的思考和建构　周勇
66 推进全民艺术普及,提升群众演唱水平
　　——试论群众演唱中心理素质的培养与构建　马佳
70 故纸翰墨润巴史,兰台藏本忆王公
　　——清乾隆重庆府《巴县志》初刻线装孤本历史文化价值探讨　黄玉才

巴渝文化
77 长江:中国戏曲之脊梁　刘德奉
81 龙门浩释"浩"　姜孝德

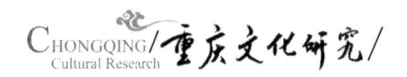

人物风采

85 川东竹琴传承人潘光正的艺术人生　邹俊星

文化记忆

92 回忆京剧表演艺术家沈福存先生　周小骥

艺文空间

99 艺苑

115 古美记　强雯

123 风景这边独好　龙麒麟

重庆市合川区钱塘镇金子沱区域历史文化研究报告

魏锦[1]　杜娜[1]　郭凌燕[2]　陶宇[1]　孙慧[3]
(1 重庆市文化和旅游研究院　2 西南大学　3 重庆市文物考古研究院)

受重庆市文物考古研究院委托,重庆市文化和旅游研究院、重庆市文物考古研究院、西南大学乡村振兴战略研究院合作开展了"重庆市合川区钱塘镇金子沱区域历史文化研究"课题研究。本课题是"重庆利泽航运枢纽工程建设征地区地面文物保护"项目的子课题。

课题组成员在搜集文献资料,开展田野调查、口述访谈,召开课题研究座谈会时,得到了合川区文旅委、合川区委史志研究中心、合川区档案馆、合川区文管所、合川区融媒体中心、合川区钱塘镇文体中心、合川区钱塘镇金子社区、重庆出版集团等单位的大力支持,谨致谢忱!

本报告为"重庆市合川区钱塘镇金子沱区域历史文化研究"课题的最终成果。课题组全体成员衷心希望此研究成果能够为"重庆利泽航运枢纽工程建设征地区地面文物保护"项目提供成果支撑,为金子沱区域历史文化保护传承提供依据和有价值的意见、建议,为钱塘镇、合川区地方文脉延续与文化建设提供支持。

一、金子沱历史变迁与区域范畴

(一)金子沱的建置变迁

合川,古濮人聚居之地,曾为巴国别都,秦灭巴后设为垫江县,西魏时涪、渠、嘉陵三江合,更名合州,民国二年(1913年)改名合川。金子沱,位于合川区西北角钱塘镇,南邻合川大石街道、古楼镇,西、北与四川省武胜县真静乡相抵。从水道看,金子沱地处嘉陵江北岸,是嘉陵江由四川进入重庆的第一处水流平缓的水湾。"沱"字,从水,它声。"水"指"水流","它"指"蛇"。"水"与"它"联合起来表示"蛇形游走的水道或水流"。在川渝方言中,"沱"字常作地名,指可以停船的水湾。

"金子沱"之名可见于清乾隆十三年(1748年)刻本《合州志》。该志所载诸多场镇名单中,"金子沱"在列。清乾隆五十四年(1789年)刻本《合州志》有记载,"金子沱,嘉陵江五十里"及"金子沱,距城六十里"。清雍正六年(1728年)起,合州成为单列州,不再辖县,属重庆府,行政区划辖4里73场镇。金子沱为73场镇之一,属明月里。清光绪三十二年(1906年),改里甲为乡镇,合州行政区划为7乡、7镇,辖71场。金子沱、沙鱼桥、钱塘镇、倒石桥、泥溪场等场镇划属金沙乡。民国二年(1913年),改合州为合川县,属川东道,行政区划无变化。民国十年(1921年)刻本《民国新修合川县志》载:"自云门镇西上……为金沙乡属地。由场溯流而上……十里至金紫沱……""泥溪场、金紫沱亦西里西界而属于金沙乡。"在附图《西里区域图》中,金子沱(金紫沱)位于西北角。"龙塘水……至观音寺复入县界。又西行……有三皇殿水随界逶迤北流来入。……历雨台山,羊马店合金紫沱大路。"从附图《嘉陵江水道图》标记位置可见,"金紫沱"即为"金子沱"。

民国十三年(1924年),合川县行政区改原县、乡(镇)两级为县、区、乡三级。全县新置9个区、75个乡。民国二十年(1931年)改原167镇(乡)为54镇14乡,并把各区、镇(乡)公所按所辖乡镇户数分定等级,辖6个镇以上的区以及辖2000户以上的镇(乡)为"繁"。金子沱更名为金子镇(繁),属第五区(繁),区公所驻地为天星镇。民国二十一年(1932年),取消区、镇(乡)等级,全县行政区划将9区并为5区,改54镇14乡为57镇11乡。金子镇属第三区,区公所驻地为云门镇。民国二十六年(1937年),遵照四川省各县保甲整理办法,合川全县划为4区73乡镇,两年后又将73乡镇合并为56乡镇,乡镇辖保(村级政权)30个以上的为甲种乡镇,不足30个的为乙种。金子镇为乙种乡镇,属第三区,区公所驻地为佛龙镇。民国三十年(1941年),合川调整基层区划,将不足1000户的镇均改为乡,金子镇更名为金子乡,设乡公所,仍属第三区,区公所驻地再次迁往云门镇。

中华人民共和国成立后,合川全县行政建置重新进行了调整。据《合川县志》记载:1951年,全县乡、镇公所改为乡、镇人民政府。合川原4区增为10区,金子乡属第五区,区公所驻地为利泽乡。1952年增划为14个行政区,并以区公所驻地为名,金子乡属钱塘区,区公所驻地为钱塘乡。1953年4月,合川县属区名改地名称谓为数字称谓,乡镇区划再次调整。钱塘区改名为第十区,原金子乡范围缩小,分金子乡、钱塘乡建立大柱乡,分金子乡建立湖塘乡。合川县界多次调整,1956年调整后,合川全县行政建置13区、93乡镇,区名改数字称谓为地名称谓。大柱乡并入金子乡、钱塘乡，湖塘乡并入金子乡，金子乡属钱塘区，区公所驻地为钱塘乡。1958年9月，合川全县实现人民公社化，乡镇人民委员会改称人民公社。金子乡更名为金子公社，属钱塘区。1983年12月，合川全县乡实行党政分开，政社分设。公社更名为乡人民政府，大队、生产队更名为村、居民小组。1985年，合川全县行政区划为13个区，1个区级镇，81个乡，9个乡级镇，5个街道办事处。金子乡属钱塘区，距县城37千米，辖村14个，组、社123个，总户数6375户，人口24476人，其中非农业人口606人，耕地面积22425亩，粮食总产量12270吨。

1992年，在全国"撤区并乡建镇"统一工作部署中，金子乡改设金子镇。至2001年6月，金子镇辖15个村，1个居委会，面积43.51平方千米，总人口26194人。所辖村（居）为：金子居委会、小油村、毗卢村、大油村、石梁村、陶湾村、大柱村、龙殿村、白房村、西游村、老庙村、高桥村、湖塘村、火矢村、米口村、紫金村。原金子镇金钟村划归大石镇管辖，原大石镇米口村划归金子镇管辖。2005年4月，金子镇并入钱塘镇。原金子镇辖8个村、1个居委会：大油村（含原小油村、毗卢村）、陶湾村（含原石梁村）、大柱村（含原老庙村）、龙殿村、西游村（含原白房村）、湖塘村（含原高桥村）、火矢村、米口村（含原紫金村）、金子居委会。现金子社区由原金子镇、泥溪镇、大柱场镇3个居民点合并而成，首尾相距12千米，社区面积1.9平方千米，距钱塘镇3.5千米。社区共有5个居民小组，总人口1698人。[①]

（二）金子沱老街与金子沱区域范畴

由金子沱建置变迁可知，金子沱最初是借嘉陵江航道之便而形成的码头场镇，至迟兴起于清中期乾隆初年。川渝境内，江河众多，旧时东来西往，上通下达，商货多靠舟船运输。嘉陵江上通陕甘，中贯川北，下达川东，历来是贯通西北、西南的重要交通水道。嘉陵江合川段，自原金子乡河家溪入境。民国十五年（1926年）石印本《阆中县志》载："嘉陵江，水量虽小，足以供扁舟之驶，木船溯江而上，可至陕西略阳，若从上游之昭化溯白水河而上，可达甘肃之碧口，沿江而下至合川，会渠涪二江之水，顺流至重庆入于大江。此江源远流长，不特陕甘边境及嘉陵江上游诸货物赖此川以便运输。"金子沱一带江面宽阔，水势平缓，水湾处细沙堆积成滩，便于船只停靠。川渝地区逐渐重建了社会秩序，经济恢复、发展，嘉陵江水路商旅往来日渐频繁，金子沱渐成商货集散的场镇。加之渡口的设立，沿江两岸的人往来于此，金子沱更加繁荣，渐渐形成了有一定规模的街镇。民国二十年（1931年），金子沱的

[①] 数据来自金子居委会"妇女之家"展板。

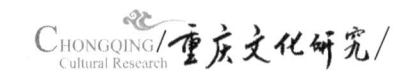

商业影响力、人口规模皆达到鼎盛,遂成为金子镇。民国三十年(1941年),因行政区划调整改为金子乡,并设乡公所。中华人民共和国成立后,金子乡区划、建置几经变革,历经金子公社、金子乡、金子镇、金子社区几个阶段。

今天仍用"金子沱"之名的,是位于金子镇、沿嘉陵江而建的金子沱老街。老街由两条并行的街道构成,一条街道从江边渡口起,沿着通向嘉陵江的溪沟东行至金子完全小学一带,溪沟中段架有一座石桥,连接另一条街道。整个老街呈"H"形,尚存有渡口、民居、桥梁以及一些其他的历史建筑和遗迹。老街的主体建筑为20世纪50年代以后所建。建于50年代中期的颇具规模的金子粮站旧址于2022年被列为合川区文物保护单位。此外,老街还有保存完整的供销社、畜牧站建筑,而部分金子镇医院建筑以及地基,铁木联合社(厂)建筑已难以辨认。老街最古老的建筑是建于清末民初的一栋典型的川东民居——刘家大院。老街滨江而建,一到汛期,易受洪水侵袭,为了保护好这栋传统建筑,未来刘家大院将原貌搬迁至别处。

通过查阅文献和走访当地干部群众,我们可知金子沱大约经历了如下几个重要发展阶段。

(1)初建场镇时期。金子沱场镇至迟建于18世纪初,距今约300年。

(2)商贸鼎盛期。清末至民国时期。其时正是嘉陵江航道运力最盛的时期,金子沱往来货船极多,商贸兴旺,金子镇成为辐射周围各村庄的区域经济、文化、行政中心。

(3)革命斗争期。1941年至1948年,在中共中央南方局的领导下,陈立洪、陈伯纯等合川籍党员先后回到金子沱,开展建立川东秘密战线的工作,并于1948年发动了轰轰烈烈的金子沱武装起义。起义动摇了国民党战略后方的反动统治,加快了川东地区和重庆市的解放步伐。

(4)人民公社时期。20世纪50年代至80年代中期,金子沱依然是嘉陵江流域重要的物资供销转运通道,场镇上建有粮站、供销社、畜牧站、医院、学校等,生动呈现出集体所有制时期的乡镇面貌。

(5)市场经济繁荣期。20世纪80年代中后期至90年代,嘉陵江航道和金子镇的商贸依然兴盛,文化凝聚力依然存在,特别是逢赶场天,金子沱老街依然呈现出繁荣的景象。

(6)衰败期。进入21世纪以后,随着陆路交通的发展和行政区划的调整,金子沱老街失去了其区域行政、文化和商贸中心的地位。同时,由于嘉陵江梯级渠化利泽航运枢纽工程建设征地,金子沱老街(金子镇)于2021年8月开始开展迁建工作。金子沱老街即将落幕,金子社区将承担起建设新的金子沱的责任,载着金子沱的历史记忆与这一方百姓的乡愁继续前行。

见诸文献的金子沱约有300年历史,主要是就其场镇而言。但从人文视角对金子沱区域进行考察,其历史与空间范畴则大得多。正如民国十年(1921年)刻本《民国新修合川县志》所载:"金紫沱距城七十里,……皆就场所在地计之,若其场之所辖境,固当各加数里,若十数里不等,不必定执场所在地为限也。"从金子沱场镇形成以来的影响力来看,金子沱区域基本包括民国时期所设金子镇的行政区域。事实上在2005年金子镇并入钱塘镇以前,这个范围整体变化并不大。直到今天,当地居民都习惯以"金子沱X村"甚至"金子沱X大队"来称呼自己生活的村庄或社区。从人类活动历史来看,金子沱区域已发掘出新石器时代、商周、汉晋、宋元、明清等诸多历史时期的遗迹。牛黄坝遗址、邱家河坝崖墓群、龙塘溪口遗址、老菜园遗址等遗址、遗迹及其出土的文物都充分印证了这一区域自古就有大量人口聚居,或许这当中也存在更早期的"金子镇"。这些历史点滴呈现出金子沱的历史文化根脉,是可供我们深入挖掘和研析的富矿。

二、金子沱区域历史文化举要

(一)红色热土——金子沱武装起义事略

1941年1月"皖南事变"后,国统区笼罩在白色恐怖之下。中共中央南方局根据"隐蔽精干,长期埋伏,积蓄力量,以待时机"的方针,派出大批干部到农村,建立秘密工作据点,以便发生危急情况时,战斗在重庆的南方局能有紧急疏散的通道和打游击战的基础。1942年8月,中共中央南方局常委、新华日报社总编辑吴克坚等,派遣合川籍青年干部陈立洪、严启文等人回到金子、肖家等地,深入农村,开展建立川东秘密战线的工作。陈立洪回到老家金子沱,发动群众,组织农会,开展农民运动。1944年1月,正在重庆江北教书的地下党员陈伯纯也由中共中央南方局派回老家金子沱开展党的活动。这一时期,他的工作任务是以革命的两面政权掩护和发动农民深入开展"三抗"(抗丁、抗粮、抗捐税)斗争,逐步形成武装割据的根据地。

出身地主家庭的陈伯纯,利用自己家族在当地的势力,运筹帷幄,很快便当上了金子乡中心小学校长,之后又很快当选了金子乡乡长。1944年7月,刘石泉被派往金子乡出任乡政府文书。9月,张伦奉中共中央南方局指示来到金子乡中心小学任教。当月,金子党支部在金子乡中心小学成立,刘石泉为书记,陈伯纯、张伦为委员,直属中共中央南方局领导。之后有60多名党员被派往金子乡中心小学,以教师身份开展革命工作。学校还先后办起农民识字班、农民夜校,培养农会骨干。1946年6月,金子沱农会总会成立。到1948年7月,农会组织遍及合川、武胜、岳池等县的40多个乡镇,会员达到2万余人。1946年11月,金子党支部改为金子特支,刘石泉仍担任书记。金子特支成功收编了秦耀、秦鼎(1949年被捕后叛变)所率领的"延安游击队",将其改造为由党领导的龙多山武工队。同时,金子沱农会、"三抗"骨干分子组成了金子沱武工队。这两支队伍成为金子沱武装起义的主要力量。

1947年2月,国民党包围中共四川省委机关和新华日报社,迫使全体人员撤回延安,导致重庆及川东各地的党组织一度与上级组织失去联系。10月,与中共中央上海分局取得联系的重庆市委书记王璞受命成立中共川东特别区临时工作委员会(简称川东临委)并担任委员会书记。在川东临委的领导与指示下,合川地区的党组织得到了清理和整顿。同时,党的各级组织积极发展武装力量,为起义作准备。

1948年初,彭咏梧领导的云阳、奉节、巫山起义和邓照明领导的梁平、四川大竹与达州起义失败。4月,中共地下组织重庆市委机关报《挺进报》被军统特务破坏,川东临委多人被捕后叛变,陈然、王朴、江竹筠等多位同志被出卖,党组织遭到极大破坏,仅存书记王璞和秘书长肖泽宽。7月,王璞在四川省岳池县罗渡乡伍俊儒家紧急召开第七、第八工委负责人会议。经过激烈讨论,会议认为,"坐以待毙,不如武装自卫""与其被特务抓捕,不如主动提前搞武装起义"[①],决定立即发动华蓥山周围多县的联合起义。王璞当即宣布成立西南民主联军川东纵队并任政委,曾霖任军事负责人,各起义地区按工委番号成立支队。8月,以华蓥山为中心,包括合川、武胜、岳池、广安、渠县、达县、大竹7个县联合行动的华蓥山武装起义陆续爆发,统称为"华蓥山联合大起义"。

在这次联合起义中,发生于金子沱的起义规模最大,影响最广。金子沱起义队伍名为"西南民主联军华蓥山纵队(又称川东纵队)第四支队",由川东临委书记王璞任政委,陈伯纯任司令员,下分3个中队,共400人。8月25日,队伍在合川金子和武胜真静两乡打响了起义的"枪声"。队伍迂回转战近千里,途经合川、武胜、岳池、南充4县20多个乡镇,经历大小

[①] 中共重庆市合川区委党史地方志办公室.合川党史专题研究,内部资料。

战斗8次,先后夺取了真静、金子、石盘、鄢家4个乡镇的政权,击毙了南充警察局局长林廷极。9月2日,各起义支队会合于岳池县三元寨时被国民党重庆绥靖公署的3000兵力围困。经过激烈的交火,起义队伍撤退至武胜县与岳池县交界的木瓜寨,此时政委王璞不幸牺牲,队伍只好分散隐蔽。由于缺少物资补给和火力支援,再加上国民党反动派的残酷镇压,在坚持了半个月之后,金子沱武装起义宣告失败。之后,一大批隐藏于金子乡及其周边乡镇的共产党员、农会干部、民主人士等相继被捕,其中一些参与了起义的共产党员更是被关进了重庆渣滓洞集中营,最终遭到了敌人的血腥屠杀。

尽管只是西南地区轰轰烈烈的革命中的一个篇章,但金子沱起义有力地打击了国民党在西南地区正面战场的势力,挫败了敌方在四川地区的气焰,对川东地区和重庆市的解放起到了积极的作用。同时,以刘石泉、彭碧灿、左绍英为代表的十余名参与组织金子沱起义的中共党员,在国民党反动派的严刑拷打、威逼利诱下依然死守党的秘密,保全了其他隐蔽的党员,使党组织免于遭受更多的破坏。他们身上这种坚韧不屈、甘愿为革命奉献生命的英勇精神早已被载入史册,是"红岩精神"最质朴的呈现,也为合川这片土地谱写了永不褪色的英雄华章。

(二)大浪淘金——金子沱与淘金人

金子沱因何得名?金子沱一带江面宽阔,水势平缓,水湾处细沙堆积成滩,传说因沙中含金,在阳光下闪闪发光,故名金子沱。又说早年多有淘金人在此淘金,聚集而形成场镇,所以处地便以"金子"命名。还有一说:秦汉之际,曾有一支去往汉中给刘邦运送军饷的船队在附近水域沉没,"五万五金子"掩埋于江底沙中。"金子沱"之名便伴随这个故事流传开来。民间还有两首儿歌:"石船对石鼓,金子五万五,谁能寻得到,买下半个重庆府。""金子沱,托金子,龙王神,宝船沉。"总之,金子沱之名源于金子和水湾无疑,但准确得名时间暂无实据。

金子沱一带确实产沙金。合川自古产金,其金分山金与沙金两类,以沙金居多。清人宋赓平《矿学心要新编》载:"黄金多生成自然者,亦有与银及他金合者。纯金则其色黄,有银则其色微白。凡生金之矿与他金之别,以刀截之能成薄片,挞之能扁不致碎裂。大约茸金居多,产于沙中可以淘洗得之。"民国十年(1921年)刻本《民国新修合川县志》载:"合汇三江下流至渝入大江。三江,曰涪江,由太和场讫青龙嘴入嘉陵水;曰渠江,由叶子溪讫渠河嘴入嘉陵水。两江各有沙岸,淘金绝少。惟嘉陵江自金子沱下有老观塝,又下有斗笠口,又下有杀水滩,又下有瓦窑滩,下至金沙碛,地脉旺甚,州人以防于风水,禁不许。以下则菜壩、王家河壩、照镜河壩、虬门河壩,皆金场也。"

据《合川县工业志》记载,1958年12月,合川县工业局曾派一名干部随淘金技术人员一起,对合川辖区涪江、嘉陵江沿岸25处河坝进行了勘查,在勘查的地段中发现铜溪区的七星坝、邓家坝、枣坝场、漕坝,金沙的钢嘴,太和的长流坝,古楼的龙塘溪、瓦窑坝,东渡的八角亭,龙洞的龙洞沱等21处有沙金或山金,其中14处含金量较高,可供开采。[①]

据《合川县志》记载,民国时曾有人在合川境内淘金。民国二十六年(1937年),淘金人数多至四五百人,月产沙金约2千克。中华人民共和国成立后,私人淘金终止。20世纪五六十年代,县政府曾组织手工业者淘金,80年代则由乡镇企业组织农民淘金。

上述史料所论有二。其一,合川三江岸边皆有金,金子沱有沙金且有可开采的矿点;其二,历来政府对沙金开采都有严格的管控,不过私人淘金的出现亦在所难免。然民间事不载史书者多,金子沱淘金究竟始于何时亦暂无实据,又因金子沱之名字来历与金相关,金子沱到底是先有水码头还是先有淘金行业亦无从定论。

经过调研走访,我们得知,金子沱淘金者以湖塘村(原属金子镇,现属钱塘镇)村民为主。据村民反映,金子沱淘金历史悠久,早在解放前,湖塘村村民祖祖辈辈就以淘金为业,当然普通村民多是为地主淘金赚取佣金。当地出产既有山金,也有沙金。采山金具有一定危险性,在挖金的过程中需要先挖矿洞,一旦山体塌陷,人就被困在洞中了。此外,山金量少且颜色发黑,沙金的质量远高于山金,故而当地人多由采山金逐渐转为到江边淘沙金。解放后,湖塘村村民在政府的组织下淘金。至80年代,几乎家家户户都参与其中。村民们拿出家里老人遗留下来的淘金工具(舀金床、洗金盆、筛子等)开始"重操旧业"。当时是由社队企业组织村民淘金,采用"群采"的工作模式,农闲时村民们就到离村百十米远的江边淘金,一干就是一整天。淘出的金子均由中国人民银行收购。那时湖塘村每年上交金子2.5千克。淘金虽为副业,却也提高了村民的收入以及村民的生活水平。许多湖塘村人用淘金所得供子女上学,这里也因此成了远近闻名的"状元村"。

金毕竟是稀有金属,20世纪80年代大量开采后,金子沱沙金产量逐渐减少,淘金热潮逐渐退去。90年代以后,因建材需求量大增,挖沙与鹅卵石的作业船替代了手工淘金者。现

[①] 合川县经济委员会编写组.合川县工业志,内部资料。

在我们仍可见到采石船在金子沱岸边的滩涂作业,淘金成为挖沙、采石的附属作业。当然这是需要取得许可证的。采石船在挖沙的同时过滤出含金的沙砾,收集到一定的量后再通过水银加工提炼出黄金。湖塘村党支部书记唐志文常被请到船上帮忙洗金。唐书记告诉我们,淘金是个辛苦活,也是个技术含量较高的活,没有足够的经验做不好。一般淘金分为"挖金—过水—布粘—洗金"几个步骤,挖掘到的含金的砂石会被铺放到一个宽1米有余、长5米有余的机床上,滤掉水之后,通过大块的毡布过筛,沙子漏下,金子则粘到布上。接着下水银搓洗,将碎金集聚成块,此时金子呈白色,称为"毛金",喷灯灼烧过后,金子才会显现出漂亮的金黄色。

(三)百业兴旺——嘉陵江边的繁华商业街

1. 从码头到场镇

川渝地区有许多由水码头发展而来的场镇。从金子沱的地理位置和地质特点来看,这里自古以来就有人类活动,又有嘉陵江水道之利,是重庆、合川与四川南充、阆中等地物资流通的必经之地,是天然的便于泊船的水码头。在人员流动与商货转移主要依赖水路运输的时代,码头自然成为人员往来频繁和商货集散之地。因此,无论是否有淘金人在此聚集,金子沱都具备了发展为街市、场镇的充分条件。

金子沱老街居民刘宗玉回忆,在她儿时,金子沱老街非常繁华,从江边到街区全都是房屋。因为房屋太靠近江边,老街又沿着溪沟而建,每年涨水时江水就会淹到房屋。水退之后,人们就会打扫街道、修复房屋,然后继续开店做生意。儿时的刘宗玉常去江边洗衣,她记得当时的金子沱码头船多、人多、房子多,许多往来的船只会在金子沱靠岸休整,船夫们夜宿在此,有的船还会停靠数日。这一时期停靠在金子沱的船只主要是经停船只,运输煤、盐、药材等物资。金子沱的红橘很有名,也是从码头用船运出去,先运到合川,再转运到其他地方。船夫大都是船老板雇用的纤夫,随船行动。金子沱的生意人多是本土人士,因地制宜做些小买卖。卖粑粑的、打糍粑的、理发的、开药铺的都有,非常热闹。每逢年节,还会有外来的戏班、龙灯队、车灯队到金子沱老街演出。老街过去有香火旺盛的寺庙,寺庙旁搭建有供戏班演出的戏台。看戏,是金子沱居民非常喜爱的娱乐活动。从初一到十五,龙灯、狮灯都会沿街表演,一个店面接一个店面地送祝福、讨红包,节日气氛非常浓烈。

民国时期合川县的货运总量达到高峰,以粮食、煤和盐为代表的大量物资由合川运出外销，或经由合川转出。其时，金子沱码头与泥溪码头、龙洞沱码头、草街子码头并称为嘉陵江合川段的四大码头。每日船只往来如梭，船工、商贾、淘金者云集于场镇，也带动了周边区域的快速发展。民国十年(1921年)《民国新修合川县志》记载："右金沙乡户口……住户八千七百六十二，计口四万二千五百四十三。男二万四千八百九十五，女一万七千六百四十八……议员二十三，公吏二，教员一十七，生徒一百九十七，僧侣教徒三十八，医士二十三，农业二万五千六百二十六，商业二百四十八，工业三百零九，杂业五十八，劳力六百二十九，无职业一万四千七百八十二。"从中可见，民国时金子沱社会经济结构多元，除农业外，有政府、学校、寺庙、医院、各类工商业，可算是繁华兴旺之地。其时，金子沱不仅开办有金子乡中心小学，亦有宗祠出资兴办的金子乡王氏私立女子小学。

2. 集体所有制下的乡镇经济社会

20世纪50年代到90年代的金子沱，同样是繁华热闹、充满生气的。现居住于金子社区的老船工提起那段历史时，仍然感慨万千："逢场天，每天往来的百姓数百人，赶场的人都排队等候坐船，从早到晚，江面上船只往来，不能歇息。那时候的金子沱真是热闹啊，很多孩子在街道上疯跑，街道上很多人，人们互相打着招呼聊着天，河边有很多人在洗衣服，到处都有人气。"[1]

20世纪50年代中后期，金子粮站建立起来，金子公社和附近其他公社的公粮都在此集中交纳。每当交粮时，人们挑着担子成群结队而来，粮站工作人员逐一鉴粮过秤，登记入库，繁忙而有序。继而再用推车把粮食送至码头，装船离港。街上还有医院、供销社、畜牧站、食品站、铁木联合社(厂)、餐馆、旅店等。其时金子沱街上的建筑多为供销社所使用，最辉煌的时期员工有几十人，满街尽是供销社商铺，工作人员销售的类目很多，肥料、农药、农具、布匹、电器、烟酒糖以及锅碗瓢盆等，应有尽有，街上还设有农产品收购站、加油站、果品公司等。据《合川县供销合作志》(1937—1985)载，供销社所属的合川县果品公司于1958年建设了金子站，至1985年，金子站的占地面积有4083.7平方米，属于早期建立的规模较大的站点。果品公司担任着柑橘收购、调出、转运、出口、加工、储藏等任务。[2]

改革开放后，金子沱产业众多，而效益最好、收入最高的要数金子园艺场（当地人一般称其为果园）。金子沱一带盛产柑橘，1954年成立的合川县果园即设有金子分厂，1958年改

---

[1] 访谈对象：金子沱老船工，从20世纪60年代至20世纪90年代一直在码头工作，现已退休在家。访谈人：郭凌燕，西南大学乡村振兴战略研究院。访谈时间：2023年3月19日。访谈地点：金子社区。
[2] 合川县供销合作社联合社.合川县供销合作志(1937—1985)，内部资料.

为国营合川园艺场金子分场。据原金子园艺场经理罗开中描述，园艺场所产的柑橘一度远销东北地区，在20世纪80年代，销量达到顶峰。园艺场还附带经营酒厂、粉厂，并管理下属各个生产队的养猪业务。酒厂出产的"金子果园白酒""川金大曲"等品牌酒曾在重庆热销。

这种红火的景象在刘宗玉的口中也得到了印证。据她的口述，整条街上只有一家旅馆和一家饭店——"金子饮食店"。饭店规模很大，面积约有几百平方米，生意特别红火，果园职工是核心顾客，经常在店里用餐，餐后签字，每月结付。旅馆约有十几间客房，分单人间、双人间、多人间，来往公干调研的干部在这里住宿，补坛子的、收杂物的、挑担的也在这里歇脚，四川武胜、南充等地来的外地客人不少，各选适宜的房间即可。

1983年，全合川实行政社分设，集体经济解体。不过嘉陵江航道和金子镇历史累积的商贸影响力、文化凝聚力依然在，特别是逢赶场天，金子沱老街依然呈现出繁荣的景象，行人摩肩接踵。90年代金子镇成立，再次为场镇的发展注入了活力。据金子完全小学原校长王德贵回忆，90年代金子沱老街上有小学还有初中，在校学生达1000多人。

(四)江岸故事——沉船、战争、渡口、渡工

唐朝诗人杜牧《赤壁》诗云："折戟沉沙铁未销，自将磨洗认前朝。"古人借江河之利，逐水而居，多少历史传奇、百姓故事，或淹没于江水中，或流传于江岸边。

1.满载钱币的北宋沉船

2003年，在金子沱下游西游村（今钱塘镇西游村）嘉陵江河道，一条过江的船篙落入江中，船工下去打捞时，意外发现了很多古钱币。经过合川文物考古部门的进一步打捞，更多的钱币被发现，有堆积成山的、有大竹篓装着的、有散落在岩石缝隙里的，重达5吨。此外，人们还发现了船板条、篾编块等沉船遗骸叠压在钱币下，初步推断这艘装载大量钱币的沉船的年代为北宋时期。令人意外的是，这些古钱币却并非都是宋代的钱币，从汉初的"半两"到西夏的"皇建元宝"，历朝历代的钱币，都混杂其间，时间跨度达1000多年。考虑到宋代货币的铸造量，考古部门工作人员推测，该沉船运载的或许是回收的旧钱币，用以熔铸新钱，填补当朝的铸币缺口。甚至这些旧钱本不需要被熔铸，因为尽管各朝代都铸币，但其他朝代的货币也可通用，钱币的金属价值本身就是购买力的体现。惊人发现的背后许多疑团尚待解开。这是一艘什么样的船？为什么会沉没？船上为什么会载有这么多钱币？这样一艘载有5吨重钱币的船和金子沱传说中载有"五万五金子"的船之间是否存在关联？这一

切皆有待进一步的考古论证。

2.被烧的元军船场

宋蒙战争时期,合川钓鱼城36年未被蒙古铁骑踏破,有"东方麦加城""上帝折鞭处"之称。这场战争中,一次改变战争格局的战役,就发生在金子沱附近。1243年,蒙哥开始对南宋频频用兵,却屡攻不下占据嘉陵江、渠江、涪江三江交汇之要津的钓鱼城。1259年,蒙哥阵亡于钓鱼城下。其后忽必烈采取屯兵强军政策,采纳阆、蓬等路都元帅汪良臣的建议:"钓鱼山险绝不可攻,就近筑城曰武胜,以扼南师往来。"武胜军"立寨于母章德山,以当钓鱼之冲"。1271年,忽必烈改国号为大元,武胜军移于芜菁平,升为定远县。武胜军在嘉陵江流域极大地扼制了钓鱼城的宋军兵力。1273年,元东川统军合刺派兵在马鬃山、虎顶山(渠江汇入嘉陵江处)筑城,以便控制三江,合围钓鱼城。其时情形,《宋史》有载:"左右欲出兵与之争。珏不可,曰:'芜菁平母德、彰城,汪帅劲兵之所聚也,吾出不意而攻之,马鬃必顾其后,不暇城矣。'乃张疑兵嘉渠口,潜师渡平阳滩攻二城,火其资粮器械,越寨七十里,焚船场。统制周虎战死。马鬃城卒不就。"宋军因此收复了马鬃山,巩固了钓鱼城的前沿阵地,加强了重庆地区的防御能力。

武胜军立寨屯军的母章德山、芜菁平在今四川省武胜县旧县乡境内,宋元时皆属合州,在钓鱼城以北约90里[①]处,与金子沱区域相连。那么宋军所焚船场又在哪里?船场在地理位置上至少应该满足以下条件:第一,靠近武胜军驻地;第二,处于嘉陵江边;第三,"越寨七十里",即距钓鱼城寨70里。由此推测,船场当在金子沱区域火矢村(今钱塘镇火矢村)境内。"火矢"即为"火箭",若非发生相关事件,一般村庄不会以此命名。火矢村原名火矢观,民国县志记为"火寺观"。民国十年(1921年)刻本《民国新修合川县志》载:"嘉陵江自南溪口东下十五里至观音滩下入县界……西流四里历雨台山,羊马店合金紫沱大路……又西北一里至火寺观,不知其得名及所由起……"火寺观,不知是否为县志记载"火矢观"之误。即便无误,顾名也应和与"火"相关的神祇或与"火"相关的祭祀活动有直接关系。西南地区的民众多崇拜火神,一部分原因是木质建筑最怕火,一旦起火,容易造成大的灾难。因此,在民居集中的城镇,人们防火意识极强。留存至今的古镇中,大都保留有较为完整的火神庙。但江岸村庄崇拜"火神"或进行相关祭祀活动则十分罕见,有相关遗迹应是因为此地发生过与"火"相关的重大事件。

---

①1里=500米。

3. 曾经的渡口

嘉陵江穿城而过,又有渠江、涪江,三江汇流,因此合川自古以来便渡口众多。民国十年(1921年)刻本《民国新修合川县志》载:"又东下里所金紫沱场,旧有盐卡,验下水盐船票,民国初裁。又有义渡往来南北岸者。不取资,今存。"据《合川县交通志》(1912—1985)载,民国时期合川县境内三江和临渡河设有渡口共101处。当时的渡口分为两种形式:一种是收钱的私人渡;另一种是不收钱的义渡。义渡也分两种:一种靠渡工每年秋收后收取粮谷来维持运转;另一种是成立义渡会集资买田业一份,称为渡田,让人种,所收租谷用作渡工工资和修船费用。义渡的开支既有直接交给渡工负责的,也有交给义渡会这个特殊组织的。合川的义渡一直维持到解放后初期。在这一时期,金子沱区域的渡口就有7个。位于金子场边的金子沱渡,民国时有渡船2只,日平均渡运200人次;位于金子沱南岸的古楼渡曾是金子沱武装起义时革命活动的要津;月白岩渡、米口子渡、管家渡则是由金子乡人兴办的义渡,都曾配有渡田。[1]土改后,义渡不仅运送村民,还承担起了运输公粮的职责。据金子沱的一名老渡工回忆,当时光运输他所在的生产队的公粮,一年就有3万多斤。如今码头、渡口的衰败使得这些老渡口的确切地点基本都已不可考,唯金子沱渡还停有渡船,方便老街与对岸大石街道金钟村居民们的往来。

4. 最后的渡工

金子沱老街还吸引着来赶场的人们,金子完全小学还有学生在读。从金钟村到金子沱老街,坐车需要1个多小时,而乘坐渡船只需要5分钟,票价仅为3元/人。只要江两岸的人们还有需求,渡口、渡船、渡工的存在就有意义。2003年,原属于渡口所的轮渡下放给私人承包,考虑到老街的居民越来越少,政府会补贴一部分资金用以维持轮渡的运转,以方便居民过江。金子沱渡口这艘唯一的渡船由船工付永强负责。自1987年以来,他开船已有36个年头。每天的摆渡并无固定班次和上下班时间,老街居民若想去对岸,总是一个电话找到他,他便来开船。而付永强的船不仅仅是予人方便的摆渡船,更是金子沱老街遭遇灾难时的"救命船"。由于靠近江边,地势低洼,每年汛期时,老街都有被淹的风险。1989、1998、2010、2011、2018、2020年金子沱老街先后遭遇了6次洪水,而每一次抢险,付永强都没有缺席。就以2020年来说,江水最高水位达到224.44米,嘉陵江水倒灌合川钱塘镇,水漫金子沱老街,付永强撑着竹篙,驾一艘小木船,带领其他志愿者一起将被困的142名居民及时转移

---

[1] 合川县交通局.合川县交通志(1912—1985),内部资料.

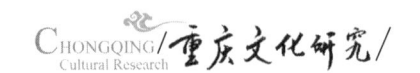

到安全地带。他的船还承担着运输救援物资的任务,共运输物资800余件。义渡和义渡会已不存在,但付永强这样的渡工还在,他延续着金子沱人乐善好施、助人为乐的义渡精神。这位金子沱最后的摆渡人还会坚守岗位和职责,继续秉承"渡人即渡己"的人生信条,直到金子沱老街彻底消失的那一天。

三、金子沱区域发展现状分析

(一)即将落幕的金子沱老街

2021年8月31日,因嘉陵江梯级渠化利泽航运枢纽工程建设征地,金子场镇迁建工作正式开始。从这一天起,有300年历史的金子沱老街开始了她的落幕倒计时。当然,在此之前的金子沱老街也已渐近垂暮之年。对于金子沱老街的衰败,我们分析有以下几方面原因。

1. 滨江而建,洪灾肆虐

金子沱老街滨江而建,因水而兴,却也难逃水灾之患。几乎所有的老街居民都有关于汛期暴雨、洪水的记忆。我们在老街调研时也曾看到金子社区居委会张贴的《汛期搬离告知书》,提醒居民在汛期来临前,搬离到安全的地方,落款时间是2022年6月20日。处于金子沱老街制高点的粮站也难以从洪灾中幸免,粮站墙上赫然钉着合川区水务局2015年12月所立的金子历史最高洪水位227.31米的牌子。事实上,因洪水肆虐,在并入钱塘镇前,金子乡(镇)政府办公地已先后经历了两次搬迁:第一次是在1981年特大洪灾之后,于1983年从三官庙搬迁至杨家湾;第二次是在1998年,由杨家湾迁移到邻近钱塘的大柱村。金子沱老街的粮站、畜牧站等也随政府撤迁纷纷搬迁。每逢汛期嘉陵江及汇入的溪河涨水,金子沱老街就容易暴发洪水,给当地民众的生产生活带来很大影响。显然,从安全的角度来讲,过于靠近江边的老街的确不是宜居之所。

2. 陆路运输的飞速发展

金子沱老街从繁忙的码头发展为繁荣的场镇,皆有赖于嘉陵江航运。这也是一直以来老街常遭洪灾但依然兴旺的根本原因。而导致老街衰败的最主要原因,也在于交通运输方式的发展变化——陆路运输飞速发展,取代了水路运输的主体地位。20世纪60年代以前,合川是上连川北、下通巴渝的物资中转港。嘉、涪、渠三江上游20余县的粮食、土特产多由合川转运至万县等地,而煤、盐、糖等物资又由重庆主城运到合川,溯江转运至川北各地。县境内进出物资有80%以上通过水路运输。60年代公路运力增强。70年代襄渝铁路通车,货物流向发生变化,川北进出物资多不在合川中转,县境内进出物资也有85%改由公路、铁路运输,水运物资则以砖瓦、砂石、建材为主,主要通过合川嘉陵江下游航段运销北碚及渝中。金子沱作为合川嘉陵江上游段连通川北航道的主要码头,已渐渐丧失了其原有的功能。

3.城镇化与社会经济结构的巨大变化

20世纪60年代以后,金子沱老街的性质已经发生了变化。尽管货运量大大减少,码头的功能逐渐弱化,但在计划经济时代甚至改革开放初期,作为一个区域的生产生活资料采购中心和本地产品的供销枢纽,金子沱老街依然是维系周围乡村人口生产生活必不可少的存在。20世纪90年代,在全国"撤区并乡建镇"统一工作部署中,金子乡改设金子镇,成为我国第一批走上城镇化发展道路的乡村,金子沱老街作为金子镇的商业、文化、教育、医疗中心,甚至比以往发展得更为红火。但很快,伴随而来的是全国更大范围内城镇化步伐的加速,以及为了获得更高收益的外出打工潮。金子沱越来越多的居民也开始外出打工,常住人口越来越少,人口结构逐步老龄化,老街不可避免地日渐衰败。

4.历史建筑损毁严重

商业的兴旺给金子沱带来了繁荣与生机,老街房屋林立、人口增加,相应地导致了建筑物的频繁拆建。从历史记录来看,老街之前有颇具规模的清代建筑群。但目前保存下来的,除石桥外,只剩下清末建造的刘氏民居。据当地居民介绍,老街原有的戏楼、宫庙等建筑,在20世纪50年代拆除,取用其木料修建粮站;重建金子完全小学时,又拆除了原址上的清代万寿宫、民国时期金子乡完全小学。

2022年9月9日,在我们第一次赴金子沱老街调研时,利用原戏楼建筑修建的金子镇中心幼儿园还在;2023年2月17日,当我们第二次去调研时,那里已成为一片废墟。

一代代历史建筑的损毁,使金子沱老街的过往风云和她的面貌一样变得模糊不清。事实上,历史建筑的损毁,并不是金子沱老街走向衰败的原因,恰恰是她持续发展的印证。但当商贸中心地位不复存在、历史文化原本可赋予她新的价值的时候,历史建筑的损毁,却成了制约其发展的因素之一。

(二)承载乡愁的金子社区

金子沱老街并不是普通的居民区,而是由码头发展而来的乡村商贸中心。老街居民并不多,但老街却在历史发展中成为辐射周围诸多村庄居民的交往空间,而人们的交往内容也从商贸扩大到政治、文化、教育等等。金子沱老街因此成为这一区域居民的集体记忆,成为比村庄范围更大的人的聚落,这在行政层面上体现为乡、镇的建立,在文化、民众心理层面上体现为拥有共同身份认同、文化认同的群体的形成。这也是"金子沱"这个名词超越地理边界与行政区划的意义所在。"金子沱老街"则是能够直接触碰这种集体记忆、身份认同、文化认同的物质载体和典型符号。

因此,金子沱老街的落幕并不代表一个区域文化的消失与终了。金子沱人的集体记忆在,身份认同与文化认同也在,只是不能再依托于老街这个载体,这当然令人感慨。不过这些集体记忆、身份认同与文化认同依然会烙印于金子沱区域的传统与习俗当中。一些生产传统、风俗习惯依然在日常生活与节日里,影响着民众的集体行为,承载着民众的记忆与乡愁。

1.岁时节日

岁时节日与人生仪礼是区域社会民俗的集中体现。今天,金子沱区域的岁时节日、人生仪礼与全国其他地方基本相同,但也有自己的特色。

春节是金子沱最隆重、最热闹的节日,通常春节前后,金子沱的居民无论是在外工作还是求学,都会回来,大年初一去祖坟祭拜。祭拜祖先时,要上香、放鞭炮、烧纸钱。虽说如同其他地区的春节一样,"年味"变淡了,但春节依然是当地民众彼此见面、相互沟通的节日。

端午节也是当地民众较为看重的传统节日。每逢端午,人们早早起床包粽子、上山采药。当地有"端午节百草为药"之说。这一天,民众会用熬制的草药水洗澡,还会在门上悬挂艾草、菖蒲等。据当地民众回忆,以前还有去合川赛龙舟的习俗,但是随着年轻人的大量外流,此习俗现在已经很难见到。

2.婚丧习俗

金子沱旧时的婚俗衍生自中国传统的婚姻仪礼,时至今日,相对完整的传统婚姻仪礼已经很难看到,更为简单的婚礼、西式婚礼在当地较为常见。不过,相对于全国很多地方,金子沱地区的彩礼数额较少,订婚礼金一般在几千到几万元之间不等,主要视男方家庭经济条件而定,而通常这些彩礼会在举办婚礼的时候由女方父母作为陪嫁回赠给新婚夫妻。

相对于婚俗,当地的丧葬仪式更为隆重,花费也更高一些。金子沱至今仍有土葬,从装入棺材到入土埋葬,再加上其他相关费用,基本上需要几万块钱。操办这些烦琐的仪式以前是靠家族帮工。2000年合川市人民政府确定钱塘镇为三峡库区农村移民安置试点镇后,共安置移民212户、831人,这些移民大都来自忠县。据说受他们的影响,当地也开始出现并逐渐普及丧葬一条龙服务,家族帮工的情况已经大为减少。

合川是三江汇合之地,码头众多,历史文化厚重,是著名的"川剧窝子",基层的川剧活动历来丰富多彩,几乎每个乡镇都有自己的文工团。金子沱也不例外,文工团的人数一度达到二三十人,日常会在街上或者到乡下去表演。依当地习俗,文工团也会受邀去婚宴、寿宴、丧葬仪式上演出。现在文工团没有了,可川剧依然是各种仪式中不可或缺的一部分,特别是在丧葬仪式中。现在,一个演出班子基本由四五个人组成,常演剧目则有《穆桂英打雁》《别洞观景》等。

3. 清明会

金子沱为码头场镇,经商民众较多,各种组织、协会也多,民众规则意识浓厚,素来有"说理"的传统。在"皇权不下县"的时代,金子沱区域的基层治理一直依靠地方各类组织、家族协同推进。以当地的清明会为例。清明会在解放前就已经存在,近年来得以恢复。通常清明节前后,金子沱较大的家族都会举行清明会活动,当地有俗语,"清明会上无外人",凡同姓都要参加活动。清明会上,家族理事会相关负责人会公布上一年的捐款名单、资金使用情况。家族捐款主要用于培养人才及照顾生活困难的族人。会上还要表彰孝顺的儿女、批评教育不上进的族人等。清明会的相关活动,有利于弘扬良好家风、加固亲情纽带和形成家族情怀,也有利于提升地方治理效能,推进以自治为基础的、德治与法治相统一的三治合一的进程。

金子社区在一定程度上成为金子沱人集体记忆与乡愁的新的载体。目前,金子沱老街的日常管理、拆迁与居民安置工作,都是由金子社区承担的;金子沱武装起义纪念碑、陈伯纯故居都伫立于金子社区,其管理、维护以及日后进一步建设的责任也是归于金子社区的;现任金子社区党委书记唐恩也成为金子沱老街和金子沱武装起义历史文化的讲解员和宣传员。这里面除了基层治理的需要,又怎少得了乡愁的牵绊。

(三)新社区、新居民、新传统

传统村落社区自有一套自成体系的运作模式,如金子沱老街那样,大都会经历"形成—兴旺—衰败"的生命史。然而从人口流向来看,老街衰败的直接原因恰恰是大量人口流向了更发达、繁荣的地方。从这个角度看,老街的生命史,又何尝不是一部从近代到当代的中国农村人口从乡村到乡镇再到城市的流动史。许多老街的居民并没有随着行政中心的搬迁而搬迁到现在的金子社区,而是搬到合川城区、重庆主城区,或者更远的大城市。而金子社区则又吸引了新的农村人口的到来。金子社区一方面接续了金子沱的历史,传承了金子沱的传统与习俗,另一方面又具有完全不同于金子沱老街或金子场镇的特点。

当下的金子社区有以下几类人口:金子沱老街迁居人口,金子沱区域农村购房人口,从四川武胜、邻水等县来此购房的农村人口,安置的忠县移民。面对外来人口较多、基层治理困难较大的情况,金子沱社区积极吸取本地"说理"的传统经验,发挥传统组织的治理效能,着力重建社区自治组织。比如践行"党建+社会联动"的治理模式:社区干部积极发动区域内的老党员,充分发挥他们的模范带头作用,同时针对社区不同人群,依托当地民众,借助各类节日组织举办多种活动,提升民众的参与度与幸福感。社区通过"党建+发展"的治理模式,积极探索发展型治理路径,通过"一事一议"等制度,将乡村治理融入当地的风貌改造、产业发展中,通过赋权使民众自己解决社区发展中遇到的问题。如此一来,社区不仅能重建基层政府的形象,密切干群关系,还能真正了解群众的需求,更好地实现自下而上与自上而下的资源对接,提升基层政府的治理水平。

人口结构的变化与当代农村现状导致了传统习俗的调整、改变,甚至是新的习俗的形成。比如,尽管不少人都在金子社区买了房,但多数依然在外打工,所以社区常住人口并不多,且以妇女、儿童为主。于是妇女节、儿童节成为社区较为关注和安排活动较多的节日,并渐渐形成了新的传统。金子社区会在每年3月8日开展活动,一般采用民众自行筹钱、社区兜底的方式。社区主要发挥引导、组织的作用,具体工作由民众来做,除了聚会、聊天,也会举办一些娱乐活动。近几年,社区还会在儿童节这天慰问辖区内的留守儿童,送他们书包、文具等,经费来自由社区组织的企业捐款。

四、金子沱区域历史文化保护建议

中共中央办公厅、国务院办公厅印发的《关于在城乡建设中加强历史文化保护传承的意见》(以下简称《意见》)指出,以系统完整保护传承城乡历史文化遗产和全面真实讲好中国故事、中国共产党故事为目标。这既是对历史负责,也是对人民负责。要在城乡建设中树立和突出各民族共享的中华文化符号和中华民族形象,将历史文化与城乡发展相融合,发挥历史文化遗产的社会教育作用和使用价值。结合金子沱区域历史文化资源特征、区域发展现状,根据《意见》精神和《重庆市关于在城乡规划建设中加强历史文化保护传承的实施意见》等相关政策文件,对该区域历史文化的保护、传承、利用,我们提出以下几点建议。

(一)传承红色基因,讲好党的故事

20世纪40年代,共产党人在金子沱的革命斗争和武装起义为金子沱的历史书写了光辉的篇章,为这片土地打上了深深的红色烙印,是这个区域宝贵的红色资源。在符合党的保密要求的情况下,应当把最真实的党的地下工作者、川东起义军、红岩烈士的故事呈现出来,把党在艰难困苦中的斗争与广大党员的忠诚与牺牲讲述出来,让先辈的故事代代传承、广泛传播,让英雄的浩然正气激励我们砥砺前行。

1.做好金子沱革命斗争和武装起义的史料挖掘与深入研究工作

关于金子沱革命斗争及武装起义始末,合川区委史志研究中心工作人员、合川融媒体中心资深记者周云,合川区文联主席李卫明等已做了较好的史料挖掘工作。周云还对起义领导者陈伯纯本人、参加起义的革命先辈进行了采访,留有珍贵的视频资料。相关出版物有纪实文学《碧血华蓥》、系列连环画《合川金子沱武装起义》等。所以我们建议在现有基础上,多层次、全方位、持续性挖掘史料及其价值。首先,整合现有材料,针对一些史实不明、尚有缺漏或疑惑处,扩大资料查找范围,可以到四川广安、雅安等相关地区,获取更多、更丰富的具有参考价值的资料。其次,深入挖掘事件发生的社会、时代背景,站在更宏观的视角上,通过研究中国共产党党史,中共中央南方局相关文献,上、下川东秘密工作及武装起义整体情况等,进一步加深对金子沱革命斗争与武装起义的历史文化意义和党史意义的阐释,探讨其精神内涵与时代价值。最后,做好对金子沱革命斗争与武装起义参加者及其后人、知情者的口述史研究,做好口述文字记录、影像记录,为相关研究、纪录片制作等奠定基础。

2.保存、修复及标记相关革命遗址、历史建筑、文物点

金子沱及周围相关区域是金子沱革命斗争和武装起义英烈们生活和战斗的地方,他们曾活动于金子乡公所、万寿宫、金子乡中心小学、陶湾小学、苏家药铺等地,金子场镇、乡村、码头、渡口都曾留下他们的身影。可绘制金子沱革命斗争和武装起义地图,对他们曾战斗过的地方予以标记。由于各种原因,金子沱革命斗争与武装起义的诸多遗址没有得到妥善保存。目前有一般不可移动文物3处:金子沱武装起义纪念碑(位于金子沱革命烈士纪念园)、陈伯纯故居(位于钱塘镇金子社区)、王绍文院子(位于钱塘镇火矢村)。前两处已被列入重庆市不可移动革命文物名录。金子沱小学革命遗址(钱塘镇金子完全小学内)、金子沱武装起义司令部遗址(钱塘镇陶湾小学内)等遗址几乎完全损毁。所以我们建议对革命遗址所在地进行标记,留取图片资料,对文物保存状况与周边环境进行评估,对革命遗址的修复或重建工作要慎重。

3. 做好金子沱革命斗争和武装起义的历史展示与价值提升工作

实施金子沱武装起义纪念园提升工程,完成纪念园雕塑群设计施工,建设金子沱武装起义陈列馆,围绕金子沱革命斗争与武装起义中的"人、物、事、魂"进行陈列布展。第一,为参加金子沱革命斗争与武装起义的革命先烈建立革命英雄谱,给重要人物列小传。在保密政策允许的范围内,在相关部门、先烈亲属的支持和配合下,尽可能多地厘清参加革命活动者的身份、生平,还原人物与历史原貌。第二,征集革命先辈所用之物,对其进行展陈,并将其登记为可移动革命文物。第三,梳理金子沱区域革命活动的历史脉络,制作金子沱革命活动年表,突出重大事件和重要历史节点,搜集珍贵老照片,以图文并茂的形式进行展示。第四,金子沱革命斗争和武装起义所体现的革命精神是"红岩精神"的重要来源之一,是构成中国共产党人精神谱系的基因之一,应该贯穿和体现在整个展陈当中,我们要通过凸显核心事件、重要人物、重要遗迹,彰显这种精神的重要价值。第五,完成一部有关金子沱革命斗争和武装起义的口述史著述和一部纪录片,这些既可以成为陈列展示的重要内容,也可以面向市场推广发售。

4. 依托金子沱武装起义纪念园建设好爱国主义教育基地

一是依托金子沱武装起义纪念园,加强党史学习教育、革命传统教育、爱国主义教育,建好爱国主义教育基地,建成党史学习教育基地,打造红色文化基因传承示范基地。二是加强对金子沱革命活动红色资源的活化利用,例如:开展清明祭英烈等活动;开发金子沱革命斗争与武装起义体验线路与活动;开发研学、旅游体验项目,如开设"行走的思政课""戏剧思政课""沉浸式党史课"等;开发相关文创产品。

（二）存续老街文脉，留住一方乡愁

尽管老街已经失去了往日的繁华，即将落幕，金子沱区域各村、社区也被纳入钱塘镇辖区，但是金子沱与金子沱老街的历史及其所承载的人的生产生活经验、礼仪习俗等却不应随着时间的流逝而被湮没。将金子沱区域历史文化保护纳入重庆市城乡历史文化保护传承体系，对其进行有效保护与存留，这对于记载一个地区的发展历史，保存一地人民的集体记忆，传承一方水土的文化根脉，意义重大。

1. 记录老街历史

金子沱老街是在清前期依托嘉陵江航道和天然港湾而形成的场镇，航运不断，是辐射周边乡镇发展的商贸中心。而考古发现以及宋元战争时的历史文献都证明了这一区域拥有十分悠久的历史文化，所以我们建议全面、细致地记录老街历史。第一，深入挖掘历史材料，收集老一辈居民存留的传统生产生活资料、物件，理清金子沱区域历史文化发展脉络，描画金子沱区域及其场镇不同历史时期的生产生活风貌。第二，以口述史、文学作品、人文纪录片等形式将其历史文化生动地展现出来。相关内容还可融入钱塘镇镇情展陈，写入《钱塘镇志》。第三，保留"金子沱""金子沱街"等地名，充分考察"金子沱""金子沱街"的历史文化内涵、独特性及价值等，向重庆市民政局申报纳入"重庆市历史地名保护名录"，采取设立纪念性标识、立纪念碑等措施对老街加以保护。

2. 保存历史建筑

建筑是历史文化最直接的载体和时代变迁的见证者。金子沱老街现存的历史建筑的建造年代为清代至现代。清代建筑有金子中石桥、金子完全小学平桥、陶家堰拱桥以及刘氏民居。20世纪50年代的建筑有金子粮站旧址（合川区文物保护单位），供销社建筑，医院建筑残垣、地基。70年代的建筑有畜牧站，以及解放后各个时期的民居、商铺、学校等。90年代建于原戏楼基础上的金子镇中心幼儿园不久前被拆除。除刘氏民居将原样迁建外，其他建筑仍存于老街。由于金子沱老街并不处于利泽航运枢纽工程所规划的淹没区，我们建议：在居民搬迁后，老街上的老建筑尽可能地予以标记和就地保护。在充分考察和论证的前提下，设计、规划最适宜的老街格局与历史建筑保护方案。

3. 保护传承非物质文化遗产

从我们目前初步了解的情况来看，在金子沱区域历史中，这里曾经产生过行业组织、家族组织，且自有其规约习俗；尚存有川剧、嘉陵江号子等传统艺术形式；有亟待发掘的历史传说、民间故事；有依托于本地产出而形成的传统技艺，如淘金技艺。所以我们建议：对嘉陵江号子等尚存有传承人且濒危的项目进行抢救性记录；对具有本土性、稀缺性的传统技艺，如淘金技艺等，进行深度调研，并逐级申报非物质文化遗产代表性项目；深入挖掘金子沱区域各类非物质文化遗产，视其存续情况，分类采取有效的保护、传承、利用措施。

(三) 激活资源价值，赋能乡村振兴

2023年重庆市委农村工作会议明确提出要实施千个宜居宜业和美乡村示范创建行动，强调要打通城乡融合、带动乡村振兴的通道，加快探索一条具有重庆特色的城乡融合推动山区库区现代化和"三农"高质量发展的新路。承续重庆市最新发展定位，合川正在围绕加快建设现代化区域中心城市这一目标，全面实施乡村振兴战略，建设国家城乡融合发展试验区。评估金子沱历史文化资源在钱塘镇、合川区、重庆市乃至成渝地区双城经济圈中的地位与价值，将金子沱区域历史文化保护与价值开掘融入乡村振兴大局，融入双城经济圈建设，对金子沱来说至关重要。

1. 打造以"红色文化，金子精神"为主题的"红+金"招牌

依托金子沱革命斗争和武装起义的历史文化，开掘金子沱"红色文化"内涵；依托金子沱丰富的历史文化资源，提炼积极向上、正能量的、与"红色文化"相辅相成的"金子精神"。

2. 制订"金子沱区域历史文化资源开发与利用"相关规划

围绕"红色文化，金子精神"的主题，以体现文明传承价值、政治教育价值、经济开发价值为导向，制订"金子沱区域历史文化资源开发与利用"相关规划。对金子沱武装起义纪念园建设提升项目与周边金子社区相关地段环境整治、建设布局进行整体规划，尽早规划文化展示、特色商业、休闲体验等特定功能区，补齐配套基础设施和公共服务设施短板，完善区域功能，提升社区整体活力。

3. 充分利用金子沱区域历史文化资源，赋能乡村振兴

金子沱区域的历史文化资源首先要融入钱塘镇全镇建设中，才能实现其当代价值的最大化。要将"红色文化，金子精神"融入基层党建工作，渗透人民群众的日常生活中。利用好岁时节日、传统习俗，通过"礼俗互动"推动移风易俗，助力乡村善治，建设文明乡风。推动实施钱塘镇文化环境提升工程，为钱塘镇镇情陈列馆建设、《钱塘镇志》编写等工作提供支持。开发"红色+乡村"研学旅游项目。整合资源，积极申报宜居宜业和美乡村、乡村振兴示范镇等。

4. 积极开展巴蜀文旅走廊建设项目，助力成渝地区双城经济圈建设

充分利用金子沱区域区位优势，加强与四川省广安市、南充市等地的合作，共建华蓥山革命大景区。与华蓥山地区相关区县联动建设川东纵队革命文化网络与展示线路，规划川东武装起义红色据点与革命纪念地路线，开发主题式线路旅游项目。加强与嘉陵江流域上下游区县的文旅合作，积极推动嘉陵江流域大景区建设。依托钱塘镇边贸重镇优势，以"老节会、新内容"为主题，开展边贸集市、互惠乡村游等活动。

重庆文化和旅游研究系列评论
——评实验评书剧《李顺盗墓》之一

【编者按】2023年3月8日,由青年曲艺家袁国虎根据同名传统评书改编,并自导自演的实验评书剧《李顺盗墓》在山城曲艺场首演。

主创者在节目单上写道:"是评书,恐怕有些离经叛道;是话剧,或许是在故弄玄虚。这个作品站在曲艺和戏剧的边缘,'小心翼翼'地'大胆尝试',展现了重庆舞台艺术青年工作者的闯劲儿。无论是艺术立意、舞台呈现,还是观演交流,这部作品无疑都充满话题性。"

我们这组评论文章的撰写者中,既有专业评论者、高校师生,也有曲艺爱好者,将从多个角度讨论这场有趣的艺术探索。

书山有路勤登攀
——实验评书剧《李顺盗墓》观后

钟传胜(重庆市巴南区文艺评论家协会)

实验评书剧《李顺盗墓》令我耳目一新。早年曾有同名评书上演,袁国虎编剧的这一部却另辟蹊径,与以往以才子佳人为内容的评书截然不同。袁国虎描述的是一个发生在清朝嘉庆年间与王三槐起义有关的离奇故事。他通过剧中故事,将当时社会的丑恶与怪诞展现给今天的观众,在带给人欢笑的同时,也引人深思。

四川人王三槐于1796年率众起义。李顺是当时的社会底层人物,幸遇恩人桂仁相助。桂仁暗中任王三槐白莲教军队兵马督粮府总管,尽力为白莲教军队筹措粮款,因叛徒出卖被捕,遭受"灰包捂面"酷刑窒息而亡。李顺想买香蜡纸烛祭奠桂仁,但苦于缺钱,便想通过赌博赢点钱,却输得精光。饥寒交迫之中,李顺只得夜盗桂仁衣服蔽体,不料想鬼使神差,倒腾中却使桂仁活了过来,后随桂仁一起,加入抗清起义军队伍之中……

这部由三人同演的实验评书剧是一次大胆的尝试,出演杂角的王启龙、出演李顺的刘寒霜、出演说书人的袁国虎,都是巴渝评书泰斗徐勍的入室弟子。

徐勍先生是巴渝地区家喻户晓的评书艺术大师,国家一级演员,中国曲协牡丹奖终身成就奖获得者。

传统的四川评书素有说书四柱"人、事、情、景"和"清棚""雷棚"之分。

清棚重在文说,注重语言文采、以情动人,代表人物有郭子泉、逯旭初、王正平等。在重庆评书界,以王秉诚为代表,他撰讲的《重庆掌故》《巴县教案》等书目曾轰动一时。20世纪五六十年代,我曾听过他编写的《金竹寺在哪里》等评书节目,至今仍记忆犹新。徐勍称他为"学者风度的说书人"。

雷棚则重在武讲,强调语气节奏,讲究口技。金鼓炮音,马嘶虎啸,经说书人声情并茂的表演,很是形象动人。重庆评书雷棚艺人很多,如杜少林等。其中,能够熔"清""雷"二棚于一炉、文武兼备的艺人不少,以徐勍、曾令弟、胡兴国为代表。他们的书路特别宽广。改革开放后,他们编讲了许多反映现代生活的评书书目,如《红岩》《林海雪原》《百万富翁凌汤圆》《石头后面》《张海迪的故事》等。

20世纪50年代,我随长辈在茶楼听评书;60—90年代,我在江北、渝中、綦江、巴南等地,常听到徐勍先生绘声绘色地讲评书。有些朋友经常模仿他的声音、姿态,可见他的形象早已深入人心。他的说书风格,可以用"偏于豪放,不废婉约"加以概括,"手有劲,眼有神,身有形,步有法",一招一式,格外讲究。

实验评书剧《李顺盗墓》的三位演员传承并发扬了徐勍先生的评书技艺,精彩动人的表演不断博得满堂喝彩,观众的情绪也随着他们的精彩表演而起伏。

《李顺盗墓》是长篇评书《五虎得胜图》中的一个片段。实验评书剧《李顺盗墓》的演出有一个多小时,其由重庆方言呈现,无比精彩,有些重庆言子儿[①]很时髦,如说书人形容李顺"跨个烂摩托,八方找老婆",等等。此类金句在表演中不胜枚举,时时引起观众大笑。

该剧主创袁国虎是一个性格鲜明的人。身为年轻人,他意识到评书观众不能断层。他改编的传统故事,字斟句酌,融入了符合时代观念的新语境,如《辞曹挑袍》《张松献图》《群英会》《李顺盗墓》等。他体悟到,创作书目不能墨守成规,无论是形式,还是内容,都必须要体现出时代精神,捕捉到剧本所反映的时代特色。他于近些年所推出的《冰墩墩》《这里有家》《雪容融》等,就是因为做到了这些,演出后很受观众喜爱,好评如潮。近年来,他新作不断,累计手稿已达200余万字,电脑文稿已达1000余万字,应该说是非常勤奋了。

袁国虎说:"评书来自民间,千百年来经久不衰,现有的脱口秀、百家讲坛等,也汲取了评书的技巧。有人的地方就需要故事,评书是中国的传统文化,我们不能任由它渐渐衰落,一定要讲好中国故事。我相信未来评书还会发展得更好。"这种文化自信,是极其宝贵的。

[①]重庆言子儿,是重庆方言、俗语、民间谚语、歇后语等的总称,语言幽默,极具巴渝特色。

袁国虎是个尊师重道的人。2009年，他20岁刚出头，著名剧作家隆学义先生提点他应该拜师学艺。也算是机缘巧合，次年他就拜到评书大家徐勍先生门下，得其真传。从此，他以讲评书为业，在短短的十余年间就取得了斐然的成绩。

如今，袁国虎已是重庆市曲艺团的艺术总监、全国青联委员、重庆市青联常委，成为四川评书新生代的领军人物之一。2018年，他获得第十届中国曲艺牡丹奖新人奖，由此崭露头角，受到业界瞩目。凭借自己的努力，他将日渐式微的四川评书重新搬上舞台，确实是难能可贵的。

我们也惊喜地发现，袁国虎对我国的传统文化极为热爱。他除了有深厚的川剧基础外，还在书画、写作、篆刻等方面用功很深。这在与他同辈的年轻人中是不多见的。

"台上一分钟，台下十年功。"袁国虎同门师兄弟三人，将熔评书、谐剧、群口相声于一炉的实验评书剧《李顺盗墓》奉献给广大观众，满足了观众的精神文化需求。

袁国虎说："我用两条'腿'走路，一是汲取现代元素，探旧书之新说；二是借古人之规矩，开自我之方圆。"他在实验评书剧《李顺盗墓》中就是这样做的。

《李顺盗墓》被称为"实验评书剧"，因为这是一部带有探索、尝试性质的评书剧。袁国虎把传统的"单口"评书改成"群口"评书，并保留了持醒木、折扇的说书人一角，再配上一名

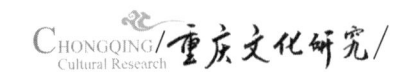

杂角，使剧中李顺的表演显得更加突出。这让我想到了2009年春晚的群口相声《五官新说》，五位相声新秀登台表演，获得了当年春晚戏曲、曲艺及其他类二等奖。《五官新说》以新颖的形式寓教于乐，让观众在欢声笑语中感受到了中国语言的风趣幽默，突破了相声表演形式的局限，值得借鉴。我认为，《李顺盗墓》取得了同样的效果，并融入了地方元素，凸显了地方特色。同时，我也提出一些建议：《李顺盗墓》可以进一步丰富时代背景、思想内涵，以加强全剧的逻辑性，突出全剧的思想性。

以布莱希特"间离效果"理论观照实验评书剧《李顺盗墓》

丁付禄（重庆第二师范学院）、陈姝璇（重庆第二师范学院）

作为国家级非物质文化遗产之一的四川评书，是以川渝方言为主要表演语言的评书，是川渝地区传统曲艺之一。表演时，着长衫的说书人手持醒木和折扇，立于一小桌后，运用多种艺术手段，敷演古今故事。

评书表演使我不禁联想到布莱希特——20世纪德国伟大的戏剧家。他提出了戏剧史上极为重要的理论之一："间离效果"（陌生化效果）。所谓"间离效果"，区别于亚里士多德所倡导的利用幻境营造客观逼真的演出效果的表演技法，是追求观众、演员、角色三者之间思维相对独立的舞台表演艺术美学。观众与演员及剧中人物将达成客观审视的默契，演员不会全然遵照剧中人物的行动逻辑或展现其感官世界，而是追求在情感上与角色的剥离，从主观的、思辨的立场出发，在舞台上，演员与角色之间会呈现出矛盾对立的状态。观众则在此过程中默契地站在分析、批判的立场，并适当抽离。中国传统剧场的表演形式和哲学，对该理论的提出和剧场实践有着极其深远的影响。

实验评书剧《李顺盗墓》是在评书泰斗逯旭初的传统评书代表书目《李顺盗墓》的基础上，遵从舞台表演艺术创作规律，结合叙事体戏剧剧作及表演形式，在当代审美语境下打造的一场别开生面的评书与话剧有机结合的舞台艺术实验。

在《李顺盗墓》中，中国传统曲艺与起源于西方的话剧，在表演形式上巧妙结合。《李顺盗墓》中有关评书情节具象化的生动改编，是在中国传统民间表演形式与布莱希特戏剧的艺术理念、教育意义与创作追求等方面相互结合的基础之上进行的。

一、"陌生化"塑造方法论研究

（一）表演技巧层面

中国古典戏剧表演技法与以老子"无为思想"为主的中国古典哲学，以及德国布莱希特"间离效果"理论要义有着天然的契合度。中国传统曲艺表演技法中的无实物表演、象征性表演对布莱希特史诗剧剧作编排有着重要的启示作用。

《李顺盗墓》中有大量与"道具"进行交流的肢体动作，以剧中"摔碗撵狗"的表演为例：演员摊开手掌，目光聚焦在手中的"碗"上，随着手里的"碗"被掷向远方，演员的目光随"碗"转移，从较近的舞台表演区域延伸到观众席，再到更远处。演员将表情（注视的表演）与动作（手托"碗"掷出的动作）独立开来。这样做，不仅动作不会失真，而且肢体动作引导面部表情的表演方式使观众对这一虚拟的"碗"被演员投掷至远方的景象产生了清晰的想象，也展现了布莱希特在《陌生化与中国戏剧》中提到的使"间离效果"诞生的表演技法。

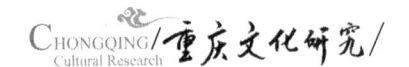

(二)舞台美术原则

以斯坦尼斯拉夫斯基为代表人物的现实主义戏剧流派与演剧体系,要求观众与角色以及"周遭环境"(舞台元素)建立强有力的幻境认同,从而达成"契约式"的体验约定。而布莱希特戏剧观中的"间离效果"必然排斥一切魔术化元素,在舞美上则表现为布莱希特"景为戏用"的"中立化"的舞台美术原则。该原则认为,无论是在表演开始前还是进行中,观众不该对舞台空间有任何先入为主的情感假设。以叙事体戏剧代表作《四川好人》为例。该剧对讽刺意味浓厚的"三位神仙下凡云游四方"的情节进行舞美编排时,并没有刻意营造特定的表演空间,而是通过布置统一的中性色调场景与空荡无物的平台,使观众专注于戏剧事件本身。

《李顺盗墓》中除了保留下来的传统评书所需的醒木、折扇、手帕外,舞美的设定十分符合"中立化"原则。不同于格洛托夫斯基提出的"质朴戏剧"理论——淡化一切非演员要素的参与度,布莱希特的戏剧观与中国传统曲艺都强调舞美与剧情的强相关性。李顺的人设为浑浑噩噩的市井小民,其在着装上与杂角、说书人有所区分;杂角一人分饰多角,其所穿的长衫也为配合这一设定而进行了模糊化的处理。简言之,评书剧的舞美构建原则与布莱希特的戏剧观中的舞美构建原则是高度相似的,这体现在对剧本内容高度的忠诚上。

二、编创中"间离效果"的实践与创新

(一)导与演的创新构建

《李顺盗墓》令笔者感到惊喜的创新之处是对导与演的职能多义性的探讨与实践。众所周知,在东方文化语境下的传统评书乃至中国传统曲艺发展的早期,并无"导演"这一概念。近代西方话剧这门综合艺术对多部门分工合作与专业性的要求催生了"导演"这一概念。直到新中国成立,我国戏剧界经历改革后才建立了导演制,明确了导演的职能定位与主导作用。在《李顺盗墓》中,导与演的关系得到了升华。

自导自演的戏剧作品不足为奇,《李顺盗墓》的创新之处在于创作维度的融合。全剧让笔者印象颇为深刻的是在说书人讲述剧中主人公李顺的生平时,剧中人李顺对其评说做出的生动评价与戏说。二度与三度创作在此刻精巧地融合,生动地展现在观众面前。说书人与李顺之关系在剧中直观地呈现为导演与演员之关系,再加上巧妙的剧本设计,两者关系相互转换,职能多义性与角色跳进、跳出的丰富变幻在奇妙的碰撞中带给观众独特而别致的享受。由此可见编创之功力。

（二）"间离效果"在负空间的视觉运用

"负空间"是被广泛运用于建筑、艺术等领域中的一个概念，指代物体之间的空间。其延伸至艺术与人文领域，则主要用于传达主体与周围空间的关系。戏剧需要依托特殊的空间，以构建人与人之间的关系，表达理性。这种空间便是剧场与黑匣子，是舞台与观众的界限模糊化、容许能量迸发与传递的场所。

在戏剧中，负空间被称为"空的空间"，这一概念是由剧作家彼得·布鲁克提出的。彼得·布鲁克说："我可以选取任何一个空间，称它为空荡的舞台。一个人在别人的注视之下走过这个空间，这就足以构成一幕戏剧了。……这一天来临了，那时红色幕布不再遮蔽令人惊奇的东西，我们再也不想——或需要——变成孩子，庸俗的魅力屈服于更严酷的常识；于是幕布拉了下来，脚光也移开了。"

表演者与观众是相对独立的客体，负空间的存在使客体间的关系得以显现，即布莱希特所说的"间离效果"中幻境的破灭与距离的产生。客体之间通过距离创造客观审视的条件以及思考的余地，形成共鸣。这也是观众在与演员达成理性与审视的默契时（即"间离效果"产生的情况下），依旧能够接收到舞台上演员所表达的思想与情感的直接原因。

《李顺盗墓》与布莱希特戏剧一样，打破了观众与舞台的"第四堵墙"，在原本"空的空间"之上赋予了负空间更多的价值。《李顺盗墓》在逗笑观众的同时，也引发了观众对李顺荒诞的成长历程的深刻思考。

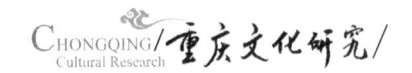

三、舞台元素强化"间离效果"的启示

《李顺盗墓》创造性地将评书与话剧有机结合,推动了四川评书在新时代的创新发展。传统曲艺与新舞台技术、评书与其他语言艺术的创新结合,值得继续发扬。

(一)通过灯光突出人物

在灯光设置方面,可以使用中性色调的灯光突出人物,强化人物形象的层次感与雕塑感,进而强化演员的表演效果。

在布莱希特的戏剧观中,配合人物主观性格色彩的昏暗和光区无序的布光会使观众的关注点失焦,影响观众对戏剧本身与自我关联的判断。

(二)适当加入音乐元素

可以考虑适当加入音乐元素。《李顺盗墓》中李顺的一生跌宕起伏,每一幕戏的主基调都不尽相同,包含悬疑、惊悚、爆笑等诸多基调。音乐元素的融入可以强化情感基调,对于演员行动节奏与特定场景的舞台效果的强化有指示性作用。

在布莱希特戏剧美学观念中,音乐对于剧情推进的功能性作用大于其旋律的优美性。这为《李顺盗墓》中音乐的使用提供了借鉴意义。《李顺盗墓》与布莱希特戏剧《高加索灰阑记》有着类似的剧作结构特征,即跨度较大、时空转换较为频繁。布莱希特《高加索灰阑记》使用的音乐便起到了介绍时空与衔接场次的作用。音乐服务于产生"间离效果",即在情节发展陷入幻境时,音乐起到中断与转场的作用,避免观众陷入情节之中,强化"间离效果"。

实验评书剧《李顺盗墓》是讲好中国故事、传承评书文化的一次大胆且成功的尝试,拓宽了评书与戏剧两种艺术的传承路径,革新了大众对评书的认知,丰富了评书的内容与形式。其推陈出新、守正创新,通过精心打磨的内容与创新的编排表演方式,推动了评书艺术的转型,树立了曲艺界的又一座创新丰碑。

借古人之规矩,开自我之方圆
——评实验评书剧《李顺盗墓》

周嘉怡(重庆师范大学)

《李顺盗墓》是袁国虎老师亲自操刀改编的实验评书剧。他大胆创新,融合戏曲、谐剧等的艺术元素,创造了"评书剧"这一新形式。形式上,他创新了评书的表现模式;内容上,他守正创新,以传统评书为本、"麻辣味"的重庆言子儿为辅,在创作中融入了近年来的流行元素。真可谓是大雅大俗完美结合,纵向继承不泥古,横向发展不媚俗。

一、实验评书剧:评书与剧的差别

想要了解袁国虎老师的守正创新,得先分析:评书与剧的差别到底在哪里。

评书可以溯源到唐代的"说话"。据记载：最早的四川评书，是在市井搭棚设台，说书人手扬折扇，腿开弓步，讲述将帅交锋、两军对垒、短打擒人，给人以筋响骨炸之感。正可谓是"一方醒木惊四座，一柄折扇舞风华，一杯茶水荡潮涌，一张手巾遮云霞"。追溯其历史，不难发现属于口头艺术的评书，既易，也难。其易在一人凭一张嘴，辅以醒木、折扇、手帕等道具就可以表演；其难在如何用语言将书中的故事、说书人的观点、角色的动作等展现给听众。正如曾令弟老师所言：一开口就要表现"生旦净末丑""喜怒哀乐忧恐"，既要说出人的内心，还要与时代呼应，鞭答假丑恶，褒扬真善美。

那么，评书与评书剧之间的差别到底在哪里？笔者认为破题的关键是"剧"。何为剧？像话剧、舞剧、戏剧，它们均由演员（角色）通过身体、对白等方式呈现故事。那么，《李顺盗墓》是如何凸显"剧"的特性的呢？

第一，拓宽舞台，增设演员：书桌竖放，以它为分界线将舞台划分为两个表演区。说书人游走在两个舞台表演区之间，时而化为戏中人与李顺进行言语交流，时而置身事外讲解演员内心及行为。舞台上还配有提示性图片和背景墙，以突出舞台上两个表演区的差别。两个表演区分别对应故事中的不同年代。评书剧虽开拓舞台区域，但不与评书本体割裂。

第二，注重故事的情节性。既然是"剧"，就要有引人入胜的故事情节、不断激化的人物冲突、饱满丰富的角色设置。因此，《李顺盗墓》注重挖掘各个事件的内在关联，在抓住主要情节"桂仁离世"的同时，将因桂仁"离世"对李顺的打击而引发的种种事件作为故事插曲，展现了李顺的成长历程，由此完成故事的起承转合。

二、《李顺盗墓》的守正创新之处

论述完评书与剧的差别，接下来需要探究的是《李顺盗墓》究竟守正创新在何处。

（一）尊重传统

尊重传统是守正创新的基石。评书的"评"是评议，"书"是故事。"评"是评书之精髓，要根据书中故事情节的发展引经据典，评人、评事、评理；"书"是评书之要素，讲故事要有起承转合，故事情节要跌宕曲折。因此，夹叙夹议成为评书的基本程式。

在剧中，为了更好地呈现夹叙夹议的基本程式，袁国虎给予说书人穿梭舞台时空的特权，让他参与到角色的表演当中，同其他演员展开交流，甚至偶尔搭档演出，使得说书人不

再"置身事外",而是"置身事中"。譬如:李顺拿了王婆婆的碗准备逃跑,为了转移王婆婆的注意力,便指向说书人说"他在呼喊你",此刻说书人融入戏中成为"袁大爷";当要呈现角色的内心时,说书人便会走到戏外,做必要性说明。

(二)虚拟性及现代性

在遵循评书的基本程式的基础上,袁国虎老师勇于创新,其创新的两大特点是虚拟性及现代性。传统戏曲和曲艺艺术都是虚拟写意的,评书也不例外。说传统四川评书时,说书人通过口头表述、身体动作来讲述评书中的故事,但听众的想象力会受有限的言语表达及肢体动作的束缚。

实验评书剧《李顺盗墓》强调用"演"来调动观众的感官。比如第二场,在吊脚楼栈房前,李顺得知桂少爷的死讯后便前往衙门口去看桂少爷,看到桂少爷时,他悲痛欲绝。李顺在支撑其活下去的希望破灭时的痛苦和绝望被"演绎"得生动传神。但实际上,舞台上并没有演员扮演桂少爷。又如张彪抬尸首去乱坟岗时,抬尸体的重量感及吃力感通过演员的"无实物表演"被传达给观众。舞台上的虚拟性丝毫没有减弱观众的"感同身受",演员到位的表演反而让观众沉浸于评书剧中。

此外，虚拟性还交织在时空之中。比如：张彪抬尸首去乱坟岗时，演员走出舞台，而后从另一端入场，这就实现了场景（空间）转变；在第七场的荒山坡和第八场的乱坟岗之间，说书人说了一句"天黑了"，灯光随之变暗，便实现了时间转移。这虚实结合、真假难分的表演使观众沉浸在评书剧的世界之中。

《李顺盗墓》的现代性主要体现在舞台设计、故事互动及元素使用三方面。

其一，在舞台设计上，拓展舞台区域。革新以往较为封闭的舞台设计，将木桌竖放，凳子朝向观众，说书人甩扇、蹬凳、敲醒木等系列动作均在观众面前完成。这在无形中拉近了演员与观众的距离。

其二，在故事设计上增加互动感。譬如第三场，在衙门口，张彪要抬尸首去乱坟岗，演员随机邀请一名观众上来与自己同台演绎，此举将舞台延伸至观众席，也提升了观众的参与度，加强了演员与观众的互动。

其三，在元素使用上，不仅融入了重庆言子儿，还融入了现代流行语等。这让这部评书剧既焕发年轻光彩，又不失重庆本色；既符合老年观众喜欢的风格，又贴合年轻观众的喜好。

秉承守正创新原则创作的《李顺盗墓》，在遵循传统的基础上，汇集多方元素，将评书舞台、故事世界敞向观众。精心设计的互动环节、引人入胜的故事情节及贴合受众风格的语言艺术，使观众一步步走入李顺的故事之中。深陷其中的观众不再觉得醒木发出的声音是故事与现实的提示声，而是环环相扣、步步紧逼的戏中戏的引导铃。

三、受众在何方——守正创新的摇摆不定

如何让评书这门传统艺术在岁月磨砺中历久弥新，这不仅是袁国虎一直关注并不断思考的问题，也是传统艺术所面临的问题。

《李顺盗墓》通过"麻辣味"的对白、地道的重庆方言以及流行语等将传统与现代融合。说书人一会儿介入剧中成为剧中人，与剧中的其他人互动；一会儿又跳出角色，化身为带有"上帝视角"的说书人。

在《李顺盗墓》中，袁国虎出演说书人。他在对白和评论中多次加入重庆言子儿和流行语等，还将近几年流行的谐音梗也融入其中，既诙谐，又幽默。此剧通过丰富的形式拓宽了观众的视野，用不断转换的角色吸引了观众的注意力，更在语言风格、内容上做到了老少咸宜。

传统四川评书的受众多为中老年人，年轻受众相对较少。实验评书剧《李顺盗墓》守正创新，其剧的形式、演的角色、流行语等在一定程度上吸引了年轻人的注意力，但这份注意力又能持续多久呢？在现代化浪潮中，观众的注意力既不稳定，也不持久，如何让作品持续吸引观众的注意力，这是传统艺术面临的问题。

在守正创新的过程中，必将有"到底是'守正'还是'创新'"的疑惑。比如评书，它的受众多为中老年群体，但评书在发展中不断融入现代元素，甚至发生转型，这就必然导致其受众发生变化，甚至有可能流失原有受众。那么，"是保持传统以维系原有受众，还是锐意创新，拓展受众面"，这成为一大难题。

《李顺盗墓》正是在这一背景之下的创新之作。它在保留大量重庆特色文化的基础上融入了流行元素，从而达到守正创新的目的。但原有受众能否接受此种新形式？"第一次吃螃蟹"的年轻人是否会因为一次愉悦的观赏经历就喜欢上评书这门具有深厚历史底蕴的传统艺术？这均是未知数。这也正是许多传统艺术从业者的担忧。对于这些问题的答案，还需要我们在未来继续去探索。

"评演剧":成功的冒险
——实验评书剧《李顺盗墓》小议

胡雁冰(重庆市文艺评论家协会)

最近在山城曲艺场观看了实验评书剧《李顺盗墓》,从笔者个人的观看感受以及场下观众的反响来看,这台剧无疑取得了很大的成功。

为何又说这部剧是"冒险"呢?诚如节目单上所写的那样,《李顺盗墓》"是评书,恐怕有些离经叛道;是话剧,或许是在故弄玄虚"。

该剧在传统的基础上进行了一些改革,融合听书与看戏,在历史与现实之间自由穿梭,更多了些惊悚、悬疑、爆笑。笔者认为,该剧达到了"守正创新""推陈出新"的目的。因此,笔者斗胆给它取了个名字:"评演剧"。

当然,这是在写完自己的观感后,突发奇想命的名。理由很简单:第一,它是评书加表演;第二,在笔者写这篇文章时网上没有这样的名字;第三,它不会和"评书""评剧""话剧""活报剧"等混淆。

接下来说说个人观感。

第一,剧本——设计成功是基础。

《李顺盗墓》本是传统评书。既然要做新的尝试,剧本就得重新写。评书原是说书人一人的功夫和技巧,写清楚就行了。而现在它是"三个男人一台戏",戏中的角色还不止三个人。场景变换、角色转换、动作设计、妆容变化、情感把握、观众调动……这些都要考虑周到,在剧本里要一一写清楚。

整台"实验剧"的设计富于联想,增强了戏剧效果。比如"李顺赊八十一碗面,对应唐僧取经经历九九八十一难"。又比如王婆婆劝李顺:"你也老大不小的了,还是要找个正事做,捡狗屎也是人干的吗?不要一天到晚都往赌场里头钻……"这是在劝善劝好。王婆婆劝李顺也是一处伏笔。后来李顺赌博,输掉了衣裤,才有了之后的盗墓情节。李顺原来说别人:"张彪要脱桂大少爷的衣裳!我还制止他垮①鬼皮。"而输光衣裤后,李顺只得"盗墓":"桂大少爷!你死了都穿的是两件嘛!我是为了你才把衣裳裤儿出脱了②的哟。看起来我今晚只有借您老人家的衣裳穿一穿了。""我是想来借件衣裳穿,又不是偷。"这是李顺的自我安慰。

参演者在忠实于剧本主线的基础上,在精彩处着力,表演十分成功。演出的成功反过来也说明剧本的成功,证明袁国虎先生的改编是成功的。

第二,角色——分配恰当是保证。

在传统评书中,说书人唱独角戏,观众欣赏说书人一人的"说功",即嘴上的功夫。在实验评书剧《李顺盗墓》中,说书人(袁国虎饰)在沿用老方法主导整个舞台的同时,还加入了表演、布景、旁白等。这是传统评书无法做到的,有助于观众理解故事。

《李顺盗墓》的故事主角李顺(刘寒霜饰)和杂角(王启龙饰)由具体的人出演,他们通过肢体动作、面部表情等传递的喜怒哀乐等情感更具象,观众能够直接感知。三人的戏份分配是合理的、恰当的,主角、配角的入场是自然而然的,有浑然一体、恰到好处的效果。

第三,语言——幽默风趣是活力。

《李顺盗墓》用重庆方言讲述,形象有趣而引人笑声不断。一开始主角扮演者入场,说书人用方言对其说:"呃,师兄,你吓我一跳!啷个吗?同行生嫉妒吗?我刚刚开腔,你就给我闸板了。"主角扮演者进场后,对说书人表达了想参演的意愿,说书人给了他一个角色,主角扮演者马上说:"你给老子爬哟!我一个活蹦乱跳的人,你居然喊我演死迷秋眼的魂。不

---
①垮,重庆方言,意为脱、剥。
②出脱,重庆方言,意为没有。

得干喽!"两人用重庆方言开场,显得亲切自然。又比如,讲桂仁被杀害后的处罚:"不对哟!平时暴尸,'起步价'就是三天,今天这个是打了折还是缩了水哟?""起步价""打折"等是现代生活中的语言,这些语言的运用,让观众有了时空穿越的感受。……整场剧融入了重庆言子儿等许多幽默的语言,让人忍俊不禁。

第四,表演——生动灵活是关键。

《李顺盗墓》中,舞台被划分成了两个区域:三分之一的舞台是说书区,另外三分之二的舞台为表演区。

主角李顺说躺地就躺地,说流泪就流泪,表演极为生动。

杂角扮演者王启龙饰演了店小二、围观群众、衙门差人张彪与王棒、纸钱铺小学徒、卖面的王婆婆、卖鸭子的农民、死了的桂大少爷等角色。在饰演不同角色时,王启龙说话的声音、肢体动作都有明显区别,展现了其扎实的功夫。

中间还穿插了主角和杂角的说书表演。

实验剧的一个变化就是"单口评书"具有了"群口评书"的味道。整个表演真正做到了"跳进跳出,不换衣服,全靠演技,刻画人物"。说书人改变过去一贯的坐式或站式,和表演者一起走到舞台上,与观众近距离地交流互动,多了一些"地气"。说书人偶尔也会因剧情需要参与到表演中,突破了说书人表演的局限性。

第五,笑声——受到启发是效果。

李顺为了祭奠桂大少爷,想找点买香蜡纸烛的钱。他先是去赊,没赊成;而后又想去赌场空手套白狼,结果衣服都输光了。他为什么要这样做？因为桂大少爷对他有恩,他认为"人还是要懂得感恩嘛"。李顺盗墓,无意中使得桂大少爷重获新生,戏剧性的反转结尾,给笔者的启发是:好人有好报。这个结果是有合理性的:桂大少爷在大堂上被石灰呛得窒息,有可能只是暂时昏迷而非死去;桂大少爷又是被埋在石谷子浅滩上,空气没被完全阻断;李顺脱桂大少爷衣服时相当于给他做了心脏复苏。盗墓是全剧的高潮,很扣人心弦。穿越的语言、幽默的调侃,让旧故事有了新味道,这个实验性的尝试,为其他传统艺术形式焕发新的活力开了先河,值得借鉴。

基于以上阐述,笔者提出两点建议:

第一,方言剧要想走向全国,得考虑外地观众的接受度。方言的运用,增加了语言的丰富性,让语言变得更接地气;但同时,对非川渝地区的观众而言,可能会有理解上的困难。因此,要做好把太地道的方言向普适性语言转化的准备。

第二,一些传统评书中的说书技巧还需要保留和发扬。比如,用"口技"来烘托盗墓时的恐怖气氛,李顺害怕时怦怦怦的心跳声、晚风的呼啸声、不祥的鸟叫声,等等。

实验评书剧的当代表达与商业价值
——观看实验评书剧《李顺盗墓》有感

杨钰(重庆市文艺评论家协会)

2023年3月8日,重庆山城曲艺场上演了实验评书剧《李顺盗墓》。该剧由袁国虎、刘寒霜、王启龙主演。

实验评书剧《李顺盗墓》既有评书的诙谐生动,又有舞台剧的视听效果。总体来看,《李顺盗墓》的创新是比较成功的。

实验评书剧《李顺盗墓》以小人物的李顺视角展开,叙述了他拯救自己的恩人桂仁的一段插曲。这段插曲采用了评书与话剧结合的艺术表现形式,这是一种创新。

剧里,李顺是一个处于社会底层且没有上进心,持"躺平式"人生观的人。李顺在自己的恩人桂仁死后,想要祭奠他,但是遭到各种阻碍,从而引出一系列故事。

演员把李顺的一系列荒诞行为,用有鲜明特征的方言和精湛的表演,演绎得夸张搞笑;同时,也流露出编剧对小人物的同情和悲悯。

尽管演员少,布景简洁,整部剧却非常有感染力。观众观剧时常被逗得大笑,但这部剧不只是搞笑,它也有一定的教育作用。全剧诙谐幽默,主题上也有深意。

众所周知,艺术是为人类更美好的生活服务的。评书这门古老的曲艺艺术,需要与时俱进,才能引起时代共鸣。传统评书用说、唱驱动观众的想象力。而今是读图观影的时代,"速度"成为时代的代名词,观众的兴趣广泛而多变,能够耐心欣赏评书的观众越来越少。

实验评书剧《李顺盗墓》基于满足观众的审美需求而寻求突破与创新。放眼重庆本土舞台艺术,《一双绣花鞋》《绝对考验》等都是在寻求艺术上的融合、创新与突破。在当下,艺术已经不可避免地走向融合创新之路。

不难看出,袁国虎为了满足当代观众的审美需求,创新评书艺术,让传统曲艺具备了商业价值。

首先,在语言上,他迎合了当下观众的网络化语言风格,力图实现传统评书语言的现代化转换。我认为,这是值得肯定的。当然,语言的现代化转换也存在一定的难度。转换巧妙,传统与当下完美对接,才不会显得"尴尬"。换言之,袁国虎是把传统文化中的"梗"变为现代社会中的"梗"。

其次,袁国虎采用类似于"小剧场"的模式,用三人架构起了整个故事情节。这样既保留了评书的传统,也实现了舞台空间的自由转换,加快了故事节奏的变化速度,满足了当代观众对"速度"的追求。剧中,王启龙一人扮演多个角色,也体现出了评书演员的表演功力。

最后,袁国虎也意识到当今观众审美需求的变化。他运用LED显示屏、声光电等,增强了舞台的视听效果,丰富了实验评书剧的表现手法。传统评书主要靠"听",而实验评书剧《李顺盗墓》还增加了"看"的元素,让观众有了不一样的视听感受。

实验评书剧《李顺盗墓》是对传统评书的改编,其在艺术表现形式上有了很大的创新。比如在语言上,用了大量的流行语;又比如在表现方式上,与话剧表演形式融合,从传统的说书转变为说与演相结合。除了艺术形式的转变,艺术作品所蕴含的时代精神也应与时俱进。推陈出新,不仅形式要新,更重要的是内容要新。如此,古老的艺术才能重新释放它内在的生命力。在这方面,实验评书剧《李顺盗墓》与成熟的商业艺术作品还存在一定的差距,还需要从李顺这个人物出发,寻找其与当下社会的共鸣,重新挖掘人物的深层价值。

实验评书剧《李顺盗墓》将评书和话剧相结合,创新了表现形式。但这二者之间存在本质差异,即评书是叙事体,而话剧是代言体。换句话说,评书是依靠讲述人(即说书人)来讲故事,话剧是依靠演员来演故事。

《李顺盗墓》将二者结合,是一种创新。这也引发了笔者的一些思考:什么时候该演?什么时候该讲呢?这就需要考量二者的艺术特征。只有充分发挥二者的优势,才能创造完整统一的艺术作品,这样的艺术作品才具有商业的推广价值。在这方面,笔者认为《李顺盗墓》还需要好好打磨。

此外,该剧的娱乐性稍显不足。一些段子、笑料的匠气太足,缺乏灵动性。而段子、笑料需建立在剧情的需要上,才能具有幽默感,否则就会变为噱头。说到底,还是要符合主题需要,符合人物需要。

评书艺术贴近人们的生活,老少皆宜,雅俗共赏,值得传承。传承传统艺术,是文艺工

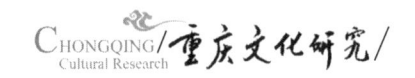

作者的责任与义务,只有潜心务实才能推陈出新,才能为社会主义精神文明建设做出应有的贡献。而袁国虎、刘寒霜、王启龙就是这样的文艺工作者,他们把评书的"说"与话剧的"演"相融合,为山城人民呈献了一场听觉和视觉的盛宴,更为评书的创新做出了力所能及的贡献。愿更多的人投入传统文化的传承和创新中,不断丰富人们的精神文化生活。

守传统评书之正,创评书形式之新
——评实验评书剧《李顺盗墓》

吕霖枫(重庆市文化和旅游研究院)

实验评书剧《李顺盗墓》由中国曲协牡丹奖终身成就奖得主、重庆市曲艺团一级演员袁国虎编写、导排,袁国虎、刘寒霜、王启龙主演。

该剧根据评书泰斗逯旭初的代表书目《李顺盗墓》改编而来,讲述了清朝嘉庆年间,无业游民李顺在自己人生中的贵人(桂仁)死后所发生的故事。整部剧幽默搞笑,剧情有趣离奇。这部剧把评书和戏剧融合起来,在评书中穿插表演,在表演中融入评书,"跳进跳出",自由转换,形式新颖,具有实验性质。三位演员有声有色的表演,赢得了观众的掌声和笑声。

袁国虎为"85后",从艺已有十多年。自幼学习川剧,受诸多名家点拨,后又拜师四川评书泰斗徐勍先生,改学评书。十多年里,他兢兢业业,收集整理了200多部经典书目。有此积累,袁国虎才敢站在传统的基础上尝试创新。

袁国虎说:"现在是科技和流媒体的时代,现代人对故事的需求也变了,我们评书必须做出新的改变。内容丰富了,形式上也要新。"根据现代人偏好短、平、快叙事的特点,他将传统长篇的"章回体"转换为中短篇的"连载体"。除此之外,他还创建了视频号,把说书日常发布到视频网站。可见,袁国虎立足传统,志在创新。

实验评书剧《李顺盗墓》是袁国虎的又一次尝试和探索。该剧既守住了传统评书之正,也开创了评书形式之新,这也是袁国虎创作的初衷。

就评书而言,笔者是个外行;就戏剧而论,也是浅尝辄止。观剧之后,有几点心得体会,权且做个记录。

一、跨界是趋势,融合需谨慎

"跨界""融合"是当代艺术的热词,也是艺术发展的趋势。仔细想来,任何艺术从形成发展到现在,无时无刻不在"跨界""融合"。艺术的发展过程就是一个包容并蓄的过程。但艺术门类之间又有着本质区别。所以,将两种艺术相融合时,就要十分注意它们之间的本质区别是什么,能融则融,不能融则不必硬融。

评书和戏剧最本质的区别在于,评书是叙事体,而戏剧是代言体。叙事体由表演者叙述故事情节的发展,而代言体是由戏中角色的言行来展现故事情节的发展;叙事体可以由表演者一人或数人叙述故事中所有人物的言行,而代言体则是故事中有多少人物,就需要有多少角色来表演。

实验评书剧《李顺盗墓》把评书和戏剧结合在一起,换言之,即把叙事体和代言体结合在一起。这就存在一个转换问题,也对表演者提出了更高的要求。

评书和戏剧结合,压缩了各自的表演空间,要求表演者在更短的时间内把二者的艺术魅力展现出来,同时要求二者之间的转换要足够巧妙。因此,袁国虎对自身提出了更高的艺术要求,这也表明了他在当前环境下为评书谋出路的初衷。

剧中,袁国虎的评书"包袱"不断,通过重庆言子儿等幽默风趣的语言,展现了评书的魅力;刘寒霜、王启龙的表演精彩绝伦,其中王启龙一人分饰多角,但每个人物都被他演绎得很生动。可以说,这三人的表演既不失评书风范,也彰显了戏剧特色。虽然剧中的一些转换略有瑕疵,但这样的创新是值得肯定的。

二、守正是传承的根本,创新是传承的内核

中国曲艺家协会评书艺术委员会主任杨鲁平认为:《李顺盗墓》虽为实验评书剧,但评书的说、演、评、博的技巧样样没丢。这就是袁国虎的"守正",他保留了评书的艺术特征。

首先,四川评书注重"评"。"评"在重庆话中就是"摆谈"。"评"的一个重要功用就在于对普通百姓的教化。早期,四川评书的演出场所主要在茶馆、庙会等,"评"就是与观众进行互动交流。现在,演出场所主要集中在剧场,灯光暗下来,就只能把空间交给演员了。所以,"评"的内容就减少了。而在《李顺盗墓》中,袁国虎还是给"评"留了不少空间。开篇时,他用很大一部分时间来"说""评",这体现出了他对四川评书的继承。剧中有一段台词:"我们是评书剧,评书才是我们的基础,评书艺术的特色是跳进跳出,不换衣服,夹叙夹议,刻画人物。"从这段话中可以窥见创作者想要传承评书的真情实感。

其次,四川评书注重语言的幽默性。《李顺盗墓》语言生动幽默,妙语不断,妙趣横生,充满浓浓的重庆气息。

最后,四川评书注重展现本土的风土人情,故事富有传奇色彩。袁国虎选择《李顺盗

墓》这一充满传奇色彩的传统书目进行改编,就足以证明他志在传承的基础上进行创新。

三、时尚是调料,价值是刚需

袁国虎在语言上下了很多功夫。他将不少流行语或"梗"穿插在剧中,例如"发红包""嘉年华""B超"等。时尚化的现代语言是作品的调料,作为点缀是有趣味的。但是,它并不代表作品具备了现代价值以及现代审美。

实验评书剧《李顺盗墓》采用了一些现代视听技术,以增强舞台表现力,但这些现代视听技术也只能是锦上添花。

作品要具备现代价值,才能引起当代观众的共鸣。作品的价值观决定了作品的高度以及作品是否具有现代审美价值。价值观体现在作品的主题之中。

袁国虎也尝试从传统作品中寻求当代的现实意义。他找到了一个主题,那就是"分享",尝试将"分享"这一主题贯穿全剧,试图给传统书目注入新的时代价值。

而在笔者看来,这一主题还不足以承载整个故事。或者反过来说,这一故事还不足以完全阐释"分享"这个主题。笔者揣测,也许由于他考虑到传承经典书目的需要,所以没有大胆地进行改编;抑或是一旦放开手脚编创故事,"剧"的成分就会过多而淹没了"评书"。所以,作品的主题没有彰显出来。

笔者认为,既然是实验,既然是创新,不如放开手脚,充实剧情,让作品主题能够得到充分体现。只有这样才能让当代观众在剧中找到自我,产生共鸣。

总的来说,袁国虎的创新是值得肯定的。他不是盲目跟风,也不是捕风捉影,他有积淀,肯下功夫,敢于创新,敢于实践。隐藏在作品之下的,是他的担当和勇气,以及为评书谋未来的拳拳之心。

革命：从历史到文化的转化
——对"重庆革命文化"及其体系的思考和建构

周勇
（重庆史研究会）

【摘要】 本文是作者编撰《重庆人文丛书》之《重庆革命文化概览》卷后，对其提出的"重庆革命文化"若干理论思考和理论建构的学术论文。作者以史家的立场和亲历的视角，梳理了党的十一届三中全会以来的40多年中，对"重庆革命文化"的探索历程，系统地论述了"重庆革命文化"整体框架，对革命文化的概念进行了辨析，提出了自己的创新性观点。尤其是对"重庆革命文化"的概念、主题与主线、结构、与其他文化的关系等一系列基本问题，进行了系统深入的阐释，形成了"重庆革命文化体系"。尤为难得的是作者将"重庆革命文化"概括为"忠诚、先锋、坚韧、顽强、团结、豪迈"六种品质，"一茎六穗"地展现了"重庆革命文化"的丰富内涵和鲜活样态，从而把"革命历史"成功地转化为"革命文化"，这是本文独创性的表述。这在革命文化研究，特别是重庆革命文化研究上都是第一次。

【关键词】 重庆；历史；革命文化

【基金项目】 重庆市社会科学规划特别委托重大项目"重庆革命文化研究"（2022TBWT-ZD22）

2022年，重庆市第六次党代会报告提出：保护传承好巴渝文化、三峡文化、抗战文化、革命文化、统战文化和移民文化。这是重庆文化建设的基本遵循。

将"革命文化"确立为重庆文化体系的基础要素、核心内容，这在重庆历史上是第一次。

笔者从1979年起开始学习研究中国历史，特别对以重庆为中心的近现代历史用力较多，其中大部分都涉及革命历史。笔者发现，在过往提出的重庆文化概念中，始终没有革命文化的位置，更没有一部从文化的视角对重庆革命历史进行整体性、系统性研究和展示的著作。所以笔者曾说过，我们还欠这座城市一部革命文化著作。为此笔者呼吁多年：创立重庆革命文化，使之进入重庆文化体系，在全社会尤其是青少年中进行系统的革命历史和文化教育。

笔者的这个愿望，终于在中国共产党成立100周年的时候实现了——重庆市政协牵头组织编撰《行千里·致广大——重庆人文丛书》（简称《重庆人文丛书》），在其中设《重庆革命文化概览》专卷。

"革命历史"不能简单地等同于"革命文化"。革命历史是革命文化的本底和基础，革命文化是对革命历史精神本质的提炼和概括。因此，建构"重庆革命文化"的关键是要实现从"革命历史"到"革命文化"的跨越。这需要付出极大努力——在丰厚的革命历史中提取出文化的品质，进而实现从理论建构到实践撰著的跨越。

《重庆革命文化概览》是一部全景式、整体性、概略性展现重庆革命文化的读本。它的出版是我们建构重庆革命文化体系，进而丰富完善重庆历史文化体系的重要一步。

这部书不是革命历史的翻版，而是在学术理性指导下形成的文化著作。毕竟这部书是为普通读者编撰的，因而在写作和选编时，秉持的是"文而化之""大而化之"的原则，即坚持学术理性的指导，在理论框架和逻辑之下去建构革命文化体系，但在叙述时尽量采用文学化的方式。这就使得全书的理论色彩并不鲜明，所以一般学者很难一目了然地理解我们的理论思考和体系建构。这是对重庆革命文化体系的第一次建构，涉及的理论和实操问题很多。因此，在编撰这部著作的过程中，笔者与一些同志进行了讨论。我们在有些地方形成了共识，有些还需要继续探讨。

因此，在《重庆革命文化概览》出版之际，笔者拟对重庆革命文化的理性思考和建构逻辑等一系列重要问题进行探讨，以期与大家交流、讨论和切磋。

一、对重庆革命文化的探索历程

习近平总书记指出："历史研究是一切社会科学的基础。"[①]对于文化研究来说，也是如此。没有深入的历史研究，就没有科学的文化提炼。

笔者开始研究重庆革命历史的时间比较早，研究的领域也比较广。笔者从研究重庆的

---

①《习近平致中国社会科学院中国历史研究院成立的贺信》，新华每日电讯，2019年1月3日。

革命历史开始,逐步走向研究革命文化。

(一)对革命历史的学术性研究,为提出"革命文化"打下了坚实的基础

1983年,我从四川大学毕业后到重庆市委党校工作,开始涉足中共党史研究。当时党校的基本课程是"老五门",即马克思主义哲学、政治经济学、科学社会主义、中共党史、党的建设。1983年底,笔者参加了邓颖超同志提出的"国民参政会"史料的搜集和整理工作。

在整个20世纪80年代,笔者主要研究中国共产党倡导的第二次国共合作历史,并出版了《第二次国共合作纪实丛书》,共4题8卷,500万字,包括《国民参政会纪实》《政治协商会议纪实》《抗战时期国共合作纪实》《重庆谈判纪实》。80年代后期,笔者出版了学术专著《国民参政会》,发表了一批学术论文。在这一时期,笔者开始接触中共中央南方局历史研究。

到了20世纪90年代,笔者开始比较系统地研究重庆革命史,花了12年时间,主持编写了《重庆通史》,并在第3卷中构架了重庆革命历史的主体框架和基本内容。其间,笔者的工作重点是搜集史料,研究中国青年共产党及其领导人杨闇公,出版了《杨闇公纪念集》等。在这一时期,笔者还跟着原中共中央南方局老同志童小鹏、鲁明等开始研究中共中央南方局历史和红岩精神。

2003年起,笔者担任重庆市委党史研究室主任,开始较为系统地研究中共党史,特别是重庆党史。

1926年以来,中国共产党在重庆的历史,中共中央南方局在重庆的8年、中共中央西南局在重庆的5年的历史,是重庆党史的"一干两支",是重庆党史的主体,是党史研究最重要的对象。同时,由于重庆在中国史和世界史中地位特殊,历史留给我们一些重庆特点鲜明的重大课题。

1. 主持重庆党史基础性、贯通性研究,撰写重庆党史正本

这一时期,组织编撰出版了《中国共产党重庆地方简史》[1];组织完成了《中国共产党重庆历史》第一卷、第二卷文稿;主编了《巴渝丰碑——中国共产党重庆历史图集》[2];组织出版了《中国共产党重庆历史(第一卷)》[3]。

---

[1]《中国共产党重庆地方简史》,重庆:重庆出版社,2006年。
[2]《巴渝丰碑——中国共产党重庆历史图集》,重庆:重庆出版社,2007年。
[3]《中国共产党重庆历史(第一卷)》,重庆:重庆出版社,2011年。

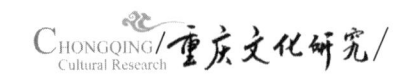

2. 主持"中共中央南方局历史资料研究编写工作小组"办公室工作，奠定中共中央南方局研究的史实和学理基础

2004年，中共中央南方局历史资料研究编写工作小组在重庆成立，笔者有幸担任办公室主任。十几年来，在中共中央南方局老同志宋平等和中央党史研究室领导下工作，在全国范围内展开了较大规模的中共中央南方局历史和红岩精神研究。2004年，编撰出版了《千秋红岩——中共中央南方局历史图集》《见证红岩——回忆南方局》《中共中央南方局大事记》《红岩精神读本》；2007年，编撰出版了《红岩精神》；2009年，编撰出版了《中共中央南方局历史研究丛书》及《红岩精神研究》；2012年，编撰出版了《国共合作重庆谈判图史》；2017年，编撰出版了《中国共产党抗战大后方历史》。

3. 夯实史料基础，编撰《邓小平西南工作文集》，研究邓小平执政之初的思想和实践

这一时期，参与编辑整理和出版了《邓小平西南工作文集》[①]，拓展研究邓小平主政大西南时期的思想和实践；主持召开了"邓小平与大西南"学术研讨会；主持编纂了《邓小平与重庆》画册；主持举办了《邓小平与重庆》大型图片展；主编出版了《邓小平主政大西南的历史经验》[②]；策划拍摄了《邓小平主政大西南》电视文献纪录片。除此之外，还系统地研究了重庆直辖的历史资料，其中就包括邓小平与重庆直辖决策的关系。[③]

4. 重庆党史的"高光"项目——《四川省重庆共产主义组织的报告》

1982年，中央档案馆内部出版了中共"一大"档案，其中就有《四川省重庆共产主义组织的报告》。

2015年，中共中央党史研究室和中央档案馆编撰出版的《中国共产党第一次全国代表大会档案文献选编》，将《四川省重庆共产主义组织的报告》编入其中。这份报告显示，四川省重庆共产主义组织于1920年3月12日在重庆成立，是目前国内发现最早的共产主义组织。它自发产生于中国内陆，为丰富和完善中国早期共产主义运动提供了新证，具有重要的历史和现实意义。这也是一个很大的学术难题。

笔者到重庆市委党史研究室工作后，便开始组织相关学者对此报告进行持续深入的研究。通过不懈努力，2010年，笔者在中央档案馆看到了《四川省重庆共产主义组织的报告》的俄译稿原件。2011年3月，经中央档案馆授权，《重庆日报》公开发表了《重庆报告》俄译稿

[①]《邓小平西南工作文集》，重庆：重庆出版社，2006年。
[②]《邓小平主政大西南的历史经验》，重庆：重庆出版社，2006年。
[③]《重庆直辖时刻——设立重庆直辖市文献选编 1996.7—1997.6》，重庆：重庆出版社，2017年。

及其中译稿,新华社、人民日报、光明日报等发布相关新闻,《光明日报》发表了笔者的论文《中共"一大"档案中的"重庆报告"》。笔者先后在北京、重庆组织召开学术会议,集中全国最优秀的专家进行探讨。特别是2011年7月,中央档案馆、中共中央党史研究室、中央文献研究室和重庆市委宣传部在重庆召开"中国共产党创建与重庆共产主义组织学术研讨会",取得了一批重要成果,其中包括笔者的论文《中国共产主义运动历史必然性之新证——兼论重庆共产主义组织的历史贡献》。如今,以《四川省重庆共产主义组织的报告》入编习近平总书记作序的《复兴文库》之《中国共产党早期组织的建立》专册①,而愈显其重要。

笔者还对毛泽东②、周恩来③、杨尚昆④等老一辈革命家的生平业绩进行过研究,出版了《给世界以和平——重庆大轰炸暨日军侵华暴行国际学术讨论会论文集》⑤,主持过国家重大项目之子项抗战时期重庆人员伤亡与财产损失的大规模调查研究⑥。对中国革命精神研究、重庆辛亥革命⑦、重庆抗战史⑧、西南抗战史⑨、新闻史、重庆解放⑩、新中国新重庆⑪等进行了研究。

5. 重庆党史工作得到国家肯定

2010年6月19日,党中央下发了《中共中央关于加强和改进新形势下党史工作的意见》。2010年7月21日至22日,全国党史工作会议在北京召开。这是党史事业的一件盛事,具有里程碑意义。很荣幸,笔者被确定为全国各省区市党史研究室的唯一代表,在大会上作了《登高涉远,负重自强》的交流发言,介绍了重庆党史工作经验。这是党中央和全国党史系统对重庆市委党史研究室的肯定。

(二)对革命历史有深刻认识,方能提炼出蕴含其中的革命文化

随着对中国革命史、中共党史和重庆革命史的研究逐渐深入,笔者对重庆革命历史文

---

①《四川省重庆共产主义组织的报告》,见《复兴文库》第二编第一卷《中国共产党的成立是开天辟地的大事变》第三册,北京:中华书局,2022年。
②《为了和平与民主——毛泽东同志诞辰110周年纪念集》,重庆:重庆出版社,2006年。
③《红岩·丰碑——中共中央南方局成立65周年纪念集》,重庆:重庆出版社,2006年。
④《百年回眸——杨尚昆同志诞辰100周年纪念集》,中共重庆市委宣传部、中共重庆市委党史研究室2008年内部出版。
⑤《给世界以和平——重庆大轰炸暨日军侵华暴行国际学术讨论会论文集》,重庆:重庆出版社,2008年。
⑥《重庆市抗战时期人口伤亡和财产损失》,北京:中共党史出版社,2011年。
⑦请见《纪念辛亥革命100周年·重庆丛书》(五卷本),重庆:重庆出版社。
⑧《重庆抗战史:1931—1945》,重庆:重庆出版社,2005年。
⑨《西南抗战史》,重庆:重庆出版社,2006年。
⑩《重庆解放》,北京:中国档案出版社,2009年。
⑪《关怀与重托——党和国家领导人视察重庆集锦(1949—2009)》,中共重庆市委办公厅2010年内部出版;《影像中国七十年·重庆卷》,重庆:重庆出版社,2019年。

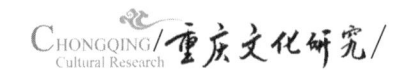

化形成了一些认识,便尝试研究革命文化。

1. 革命文化是中国共产党话语体系中的基本概念,也是我们宣传文化工作中经常使用的概念。但是,重庆文化体系中却没有革命文化的位置

笔者发现,在宣传工作、文化工作中,"革命文化"这个名词随处可见。但"革命文化"往往作为政治概念使用,或者作为全党的文化概念使用,其内涵、外延未见权威界定。因而,在把革命文化纳入重庆地域文化体系方面,没有形成共识。

这样一来,在重庆直辖以来历次党代会报告对重庆文化的体系性表述中,便没有革命文化:

第一次党代会提出,"积极开发运用巴渝文化、大后方抗战文化、三峡文化和少数民族文化资源";[1]

第二次党代会提出,"着力培育体现时代精神、具有重庆特色的先进文化";[2]

第三次党代会上提出,"继承巴渝优秀传统文化,弘扬红岩精神、三峡移民精神";[3]

第四次党代会提出,"加强对巴渝文化、抗战文化、统战文化和非物质文化遗产的挖掘、保护、传承";[4]

第五次党代会提出,"深入挖掘重庆特色文化资源"。[5]

2. 在筹备重庆直辖的过程中,笔者第一次提出重庆文化体系中应当包括革命文化

1996年夏,笔者担任重庆直辖筹备工作专家组副组长。重庆市委要求笔者负责"重庆直辖市发展目标研究(1996—2010)"课题。

笔者认为,文化体系是直辖市的题中之义,便在研究报告中力图系统性建构重庆文化体系。纵观中华五千年文明史,不论是悠远辉煌的古代,还是风起云涌的近现代,重庆的文化始终独具特色。以文化的类型考察,重庆文化种类齐全、丰富多彩——古代的巴渝文化独树一帜,近代的内陆文化独领风骚,现代史上以抗战文化为代表的大后方文化和以红岩精神为代表的革命文化,更是达到了空前的高度,影响深远,直至今日。这是笔者第一次建

---

[1] 张德邻:《负重自强 加快发展 为建设繁荣富裕文明进步的新重庆而奋斗——在中国共产党重庆市第一次代表大会上的报告》(1997年5月27日),《重庆日报》1997年6月5日。
[2] 贺国强:《在"三个代表"重要思想指引下为富民兴渝、加快建设长江上游经济中心而奋斗——在中国共产党重庆市第二次代表大会上的报告》,《重庆日报》2002年6月1日。
[3] 汪洋:《加快建设城乡统筹发展的直辖市 为在西部率先全面建成小康社会而奋斗——在中国共产党重庆市第三次代表大会上的报告》(2007年5月23日),《重庆日报》2022年5月29日。
[4] 张德江:《深入贯彻落实科学发展观 为在西部率先实现全面建设小康社会目标而奋斗——在中国共产党重庆市第四次代表大会上的报告》,《重庆日报》2012年6月25日。
[5]《在中国共产党重庆市第五次代表大会上的报告》,《重庆日报》2017年5月26日。

构的重庆文化体系,其中便包括了革命文化。[①]

3. 重庆直辖以后,随着《重庆通史》等基础性学术著作的陆续完成和出版,笔者建构重庆文化体系的思路逐步形成,并把它纳入工作计划之中

2005年12月,重庆市委、市政府召开重庆市直辖后首次全市文化工作会议,把三峡文化、移民文化、抗战文化、革命文化、都市文化等五种文化类型统一概括为巴渝文化,明确了重庆文化的基本定位,提出了在21世纪头20年内把重庆建成与长江上游经济中心相适应的文化中心的目标,确立了文化兴市战略,明确了加强思想道德建设、繁荣文化事业、发展壮大文化产业、深化文化体制改革、加强文化设施建设、建设高素质文化队伍等六项重点任务。

2006年,重庆市委、市政府制定了《重庆市哲学社会科学"十一五"发展专项规划纲要》。这是笔者组织重庆市委宣传部研究的结果,革命文化第一次进入党委文件中。

因此,2006年11月,笔者便决定要将革命文化、巴渝文化的研究纳入第二年重庆市委宣传部的社科研究计划,从此开始了对革命文化的研究。

4. 2013年,笔者从重庆市委宣传部领导岗位退下来后,更加关注建构重庆文化体系,革命文化始终是其中的重要一员

2017年10月,习近平总书记在党的十九大报告中指出:中国特色社会主义文化,源自于中华民族五千多年文明历史所孕育的中华优秀传统文化,熔铸于党领导人民在革命、建设、改革中创造的革命文化和社会主义先进文化,植根于中国特色社会主义伟大实践。

这对笔者来说,是很大的鼓舞。因此,笔者多次提出将重庆的革命文化纳入重庆文化体系,并在全市青少年中进行系统的革命文化教育。

2017年11月9日,笔者参加"坚定文化自信,推进新时代重庆文化建设"课题专题会,在会上第一次提出了包含6种文化的重庆文化体系,第一次将革命文化纳入了重庆文化体系进行论述,并特别指出要重新建构重庆革命文化。因为重庆市委之前提过重庆文化的"1+4"[巴渝(基础)+三峡、移民、抗战、统战(四个特色)],且取得了一些研究成果,但没有提到革命文化。笔者提出:中国共产党领导的革命文化,是以旧民主主义革命为基础的,当然,党领导的新民主主革命文化是主体。

2017年,笔者在重庆市地方史研究会酝酿换届会报告中正式提出:要推动地方历史研

[①] 周勇:《建设长江上游文化中心》,《重庆市跨世纪发展战略(下卷)》,重庆:重庆出版社,1997年。

究与地方文化研究的有效衔接,拓展研究的视野;要努力打破学科封闭,加强学科交流与融合,从而开辟重庆历史和文化研究的新天地。笔者再次提出了包括革命文化在内的6种文化的重庆文化体系。

5. 2018年,笔者提出的包括革命文化在内的重庆文化体系,引起重庆市委的关注和重视,并被采纳

2018年3月,重庆市地方史研究会与重庆市文化研究院(现为重庆市文化和旅游研究院)共同举办了重庆文化体系研讨会。笔者在会上系统地阐述了包括革命文化在内的重庆文化体系。

笔者认为,产生于远古的巴渝文化和产生于近代的革命文化,彼此相互连接,贯通始终,传承演化,共同构成了今日重庆历史文化体系的学理基石,也是形成今日重庆人文精神以及重庆人、重庆城性格特征的文化基因。

重庆的革命文化是指:1840年鸦片战争以来,在实现中华民族伟大复兴的奋斗历程中,特别是在中国共产党领导下,重庆人民在为建立新中国而奋斗的过程中形成的勇于追求真理、挺立潮头、坚韧顽强、开放包容、敢想敢干、不屈不挠、舍生忘死、屡仆屡作等精神财富的总和。

这些观点引起了重庆市委宣传部的关注和重视,并被采纳。2018年7月,重庆市委宣传部内参《思想动态》刊载了笔者写的文章《答"重庆文化之问"——对重庆历史文化体系的一种探讨》。8月10日,该文在《重庆日报》上全文公开发表。这篇文章对于重庆文化体系的建构有决定性意义。

(三)《重庆人文丛书》催生了《重庆革命文化概览》一书

1. 革命文化作为重庆文化体系的重要组成部分,进入重庆市委的决策和文件之中

重庆市委按照习近平总书记的要求,以高度的文化自觉与文化自信,充分挖掘重庆文化。

重庆市第六次党代会报告明确提出:我们要增强文化自觉,坚定文化自信,弘扬"行千里·致广大"的人文精神,以文铸魂、以文化人,为重庆改革发展提供强大的价值引导力、文化凝聚力、精神推动力。

重庆市委、市政府印发了《关于深入推动长江经济带发展加快建设山清水秀美丽之地的意见》(渝委发[2018]29号)。革命文化作为重庆文化体系的组成部分第一次进入重庆市委、市政府文件。

2018年9月,陈敏尔在重庆市宣传思想工作会上对重庆文化体系作了系统论述,指出重庆文化资源富集,有源远流长的巴渝文化,有享誉世界的三峡文化,有可歌可泣的抗战文化,有彪炳史册的革命文化,有独具特色的统战文化,有感天动地的移民文化,这些多彩多姿的地域文化是中华优秀传统文化的重要组成部分。这是重庆市委将革命文化作为重庆文化体系的组成部分,对全市宣传思想工作在文化体系建设上的指导。

2.重庆市委决定编撰《重庆人文丛书》,设置革命文化专卷,为呈现其整体面貌提供了平台

重庆市政协在广泛调查研究的基础上,于2021年6月形成了《重庆人文丛书》编撰出版方案。2021年7月,重庆市政协党组召开《重庆人文丛书》编撰出版工作专题部署会,正式启动编撰工作。在此之后,陈敏尔多次对丛书的编撰工作作出重要指示。

2022年5月,重庆市委召开"传承历史文化、建设文化强市"座谈会。会上重点研究了《重庆人文丛书》的编撰工作,并对革命文化的概念进行了讨论。

3.重庆市第六次党代会报告正式将革命文化纳入重庆文化体系

2022年5月27日,重庆市第六次党代会开幕。重庆市第六次党代会报告强调:"深入推动文化繁荣发展,持续抓好文化强市建设""保护传承好巴渝文化、三峡文化、抗战文化、革命文化、统战文化和移民文化""让历史文化活在当下、服务当代"。[①]这标志着包括革命文化在内的重庆文化体系,在重庆市党的最高会议及其文件中被正式确立。

二、对重庆革命文化整体框架的建构

(一)关于革命文化概念的辨析

党的十九大报告指出:中国特色社会主义文化,源自于中华民族五千多年文明历史所孕育的中华优秀传统文化,熔铸于党领导人民在革命、建设、改革中创造的革命文化和社会主义先进文化,植根于中国特色社会主义伟大实践。

1.奴隶社会、封建社会的"革命",是指旧制度的改朝换代

"革命"这个词,源于中国古代。《易经》:"汤武革命,顺乎天而应乎人。"汤,即商朝的鼻

[①] 陈敏尔:《沿着习近平总书记指引的方向坚定前行 推动高质量发展 创造高品质生活 奋力书写重庆全面建设社会主义现代化新篇章——在中国共产党重庆市第六次代表大会上的报告》(2022年5月27日),《重庆日报》2022年6月6日。

祖成汤,他推翻了夏朝君王桀的统治,建立了商朝;武,即周朝的武王,他推翻了商朝君王纣的统治,建立了周朝。"汤武革命"指商汤王、周武王以武力推翻前朝的军事行动。这里的"革",即变革;"命",即天命。"革命",即变革天命。意思是:汤武革命这两件事,都是服从天理,合乎人情,理所当然的事。因此,后世把王者易姓、改朝换代称为"革命"。

这种现象在奴隶社会、封建社会中时常发生,"革命"一词也常常被使用。概括起来,主要指两种情况:一是指一个王朝代替另一个王朝的统治,二是指一个集团推翻另一个集团的统治。

2. 近代,"革命"的内涵发生了巨大的变化

1895年10月,孙中山领导的兴中会发动了广州乙未起义,但因事泄失败。孙中山与陈少白、郑弼臣自香港东渡日本。在横滨离船登岸时,孙中山顺手买到一份日本报纸,只见上面已赫然登载:"支那革命党首领孙逸仙抵日。"孙中山便对陈少白等人说:"革命"二字出于易经汤武革命,顺乎天而应乎人一语,日本人称吾党为革命党,意义甚佳,吾党以后即称革命党可也。

近代,中国人民不再追求朝代的更替、循环,而是要推翻封建专制制度,建立资本主义制度。故孙中山先生借用了"革命"一词,因此自称"革命党",孙中山先生领导的革命就被称为"民主革命"。

3. 中国共产党成立后继承了孙中山先生的"民主革命"事业,把孙中山领导的"革命"称为"旧民主主义革命",把自己领导的革命称为"新民主主义革命"。这时所要推翻的已经不只是封建社会,还有"帝国主义、封建主义、官僚资本主义"三座大山

1940年1月,毛泽东发表了《新民主主义论》,系统地分析了近代中国社会的性质和中国革命的对象、性质、动力、前途等,阐述了中国共产党关于新民主主义革命与新民主主义社会的理论,回答了"中国向何处去"的问题,开创了中国社会发展的新纪元。这是毛泽东思想成熟的标志。

毛泽东认为,中国革命的历史进程,必须分为两步,其第一步是民主主义的革命,其第二步是社会主义的革命,这是性质不同的两个革命过程。

民主革命,就是推翻封建专制制度,建立资产阶级的民主共和国制度。所以毛泽东说:"这个革命,按其社会性质说来,是资产阶级民主主义的革命,不是无产阶级社会主义的革命。"并明确指出：辛亥革命是"在比较更完全的意义上开始了这个革命"。[1]由于中国资产阶级的局限性，他们领导的民主革命失败了（辛亥革命）。完成民主革命任务的使命，落在了中国共产党的身上。中国共产党勇敢地担负起这个使命，完成了民主革命的任务，建立了中华人民共和国。

由于"一场革命，两个领导"，为做区分，毛主席便把这个"民主革命"分为两个阶段：孙中山领导的旧民主主义革命和中国共产党领导的新民主主义革命。

4.新中国成立以后，中国共产党继续使用"革命"的概念，但其内涵与上述的"革命"又有很大的不同，只是指对新中国制度的完善，而不是更替

中国社会主义革命特指中国社会从新民主主义社会过渡到社会主义社会，即中华人民共和国成立以后的前七年，从1949年解放，到1956年党的八大召开，宣布建立社会主义制度。

"改革是中国的第二次革命。"[2]这是邓小平的名言。特指1978年党的十一届三中全会以后实行的改革开放。这是对社会主义制度的完善，不是对制度的改变。

总结起来，革命文化是指中国近代时期，以推翻帝国主义、封建主义、官僚资本主义三座大山，争取民族解放、人民幸福、国家富强为目标，由孙中山先生领导的旧民主主义革命，和中国共产党领导的新民主主义革命，这两个时期所产生的文化现象。

这就是中国的革命，也是重庆的革命，也是笔者所讲的中国革命文化的内核。如果只讲中国共产党的文化，则只指新民主主义革命文化。

新民主主义理论是毛泽东思想的重要组成部分，也是我们界定革命、建构革命文化的理论依据。

（二）重庆革命文化的概念、主题与主线

1.重庆革命文化的概念

辨析清楚了中国的"革命文化"概念，"重庆革命文化"概念就迎刃而解了。

重庆革命文化是指近代以来，特别是1891年重庆开埠以来，历经辛亥革命、五四运动、中国共产党的创建、大革命、土地革命、抗日战争和解放战争时期，重庆人民在实现中华民族伟大复兴，特别是在中国共产党领导下，为建立新中国而奋斗的历史进程中形成的文化

---

[1]《新民主主义论》，《毛泽东选集（第二卷）》，北京：人民出版社，1991年，第667页。
[2]《改革是中国的第二次革命》，《邓小平文选（第三卷）》，北京：人民出版社，1993年，第113页。

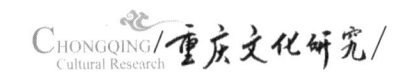

形态和精神财富。

2.重庆革命文化的主题

重庆革命文化的主题是：近代以来，在推翻三座大山，建立新中国，实现中华民族伟大复兴的奋斗历程中，尤其是在中国共产党领导下，重庆人民为建立新中国而奋斗的艰辛历程、不朽业绩、伟大精神。

3.重庆革命文化的主线

重庆革命文化的主线是：以毛泽东撰写的《人民英雄纪念碑碑文》为经，以旧民主主义革命和新民主主义革命宏大历史篇章为纬，以新民主主义革命时期重庆人民英勇奋斗的历史和文化为干。

(三)重庆革命文化的结构

笔者将重庆革命文化的时间定位于1891年(重庆开埠)至1949年(重庆解放)。分为6个时期、6个篇章：

(1)辛亥革命时期："革命先声，彪炳史册"；

(2)"五四"和建党时期："勇立潮头，播火巴蜀"；

(3)大革命时期："国共合作，敢为前锋"；

(4)土地革命战争时期："血雨腥风，前赴后继"；

(5)抗日战争时期："红岩精神，永放光芒"；

(6)解放战争时期："西南惊雷，人民新生"。

(四)重庆革命文化与其他文化的关系

1.重庆革命文化与重庆文化体系的关系

重庆革命文化是重庆文化体系的重要组成部分。在重庆3000多年的发展史上，出现过多层次、多领域、多形态的文化现象，其中具有主体地位的是巴渝文化、革命文化、三峡文化、移民文化、抗战文化、统战文化6种形态。近代以来产生的革命文化与远古以来产生的巴渝文化，彼此连接，贯通始终，传承演化，滋养着重庆人的精神世界，推动着重庆城的发展演变，生生不息。

2.重庆革命文化与中国革命文化的关系

重庆革命文化是中国革命文化在重庆地域内的具体体现，是从重庆的大山大河中生长出来,具有重庆地域特点、人文特色和性格特征的独特文化品种,是中华民族文化大家庭中宝贵的精神文化财富。

三、"一茎六穗"展现重庆革命文化的丰富内涵

把"革命历史"转化成为"革命文化",是建构重庆革命文化最困难、最关键的环节。如何转化?

笔者在《重庆革命文化概览》中的做法是:以"革命之光、英雄之城"为题,以毛泽东、周恩来、董必武、叶剑英、吴玉章、车耀先在巴渝大地上书写的诗句为领句,以忠诚、先锋、坚韧、顽强、团结、豪迈为核心词,以重庆革命历史上具有世界眼光、民族视野、重庆特色的精彩瞬间为切入点,全面系统地阐述重庆革命文化的艰难历程和辉煌业绩,展示重庆革命文化的整体面貌,展现"行千里·致广大"人文精神在近代革命历史中的独特风貌。

由于笔者使用了6个核心词来描述重庆革命文化,因此称为"一茎六穗"。在古代,一根稻茎上生出六个稻穗,称之为嘉禾,有祥瑞之意。

(一)未变坚贞一片心:坚守信仰、永葆初心的"忠诚"

"未变坚贞一片心"是董必武1942年在重庆,为庆祝潘梓年同志50岁生日而作的诗中的一句。潘梓年是《新华日报》创办人之一,被毛泽东任命为《新华日报》第一任社长,因此也被称为"中共第一报人"。董必武的贺诗表达了共产党人坚守信仰、永葆初心的"忠诚"。这是重庆革命文化的第一品格。

重庆是一块英雄的土地,有着光荣的革命传统。巴渝大地孕育了一代又一代的英雄豪杰。"忠诚"早已植入重庆的文化基因之中。

邹容批判科举八股向往新学。杨沧白在孙中山领导下建立同盟会重庆支部,从而开启了重庆人追寻中华民族伟大复兴的征程。尤其值得大书特书的是,重庆人为救国救民而追求真理,在重庆这块土地上,在中国共产主义运动史上,在中国共产党的历史上,忠诚于信仰,忠诚于组织,忠诚于人民,写下了独特而精彩的坚守信仰、永葆初心的"忠诚"篇章。其中有"手执青锋卫共和"的"军神"刘伯承,有重庆最早选择马克思主义信仰和共产主义理想而创建的共产主义组织,有中国共产主义运动的先驱者杨闇公,更有光耀千秋的红岩精神。

(二)号角一声惊睡梦:登高涉远、勇立潮头的"先锋"

邹容是在重庆大地上成长起来的革命先锋。他18岁撰写《革命军》,提出了"中华共和国"25条政纲,被孙中山先生确定为资产阶级共和国方案,吹响了推翻清王朝的号角。在生命的最后时刻,他宣称"我现在鼓吹社会主义"。

邹容为我们留下了"爱国主义—民主主义—社会主义"的思想历程和奋斗业绩,唤起了巴渝大地的滚滚红潮。他是巴渝大地、中华大地上唯一一位受孙中山、毛泽东、习近平共同赞誉的革命先烈。

从重庆走出了以刘伯承、聂荣臻、杨尚昆等为代表的老一辈无产阶级革命家,他们是中国共产主义运动的先锋战士。

新中国成立后,吴玉章写《纪念邹容烈士》七律诗,曰:"少年壮志扫胡尘,叱咤风云《革命军》。号角一声惊睡梦,英雄四起挽沉沦。剪刀除辫人称快,铁槛捐躯世不平。风雨巴山遗恨远,至今人念大将军。"这是对重庆籍中国著名资产阶级民主革命思想家邹容的缅怀,更是对在中国共产党领导下,一代又一代革命家们登高涉远、勇立潮头壮举的歌颂。

(三)虎穴坚持神圣业:追求真理、矢志不渝的"坚韧"

1979年4月,叶剑英再度回到红岩村时题写了旧作:"虎穴坚持神圣业,几人鲜血染红星。"一则缅怀革命战友,一则赞颂重庆革命先驱们追求真理、矢志不渝的坚韧品格。

杨闇公早年留学日本,受到了马克思主义的熏染。1924年1月,杨闇公与吴玉章等在成都秘密创立了中国青年共产党。中国青年共产党是一个以马克思主义为指导思想,以民主集中制为组织原则,反对帝国主义和封建军阀,以争取无产阶级解放,实现社会主义为目标的政党。

后来在确知中共存在的详情并与中共中央取得联系之后,1925年初,吴玉章、杨闇公主动宣布解散中国青年共产党,率先以个人名义加入中国共产党。

1926年1月,中共重庆支部成立。随后,成立了中国共产党重庆地方执行委员会(简称中共重庆地委)。这标志着四川革命运动的领导核心在重庆最终形成,从此四川革命形势出现了崭新的局面。

重庆共产党人"坚韧"的品质还表现在解决党内的矛盾上。1926年4月,重庆党、团地委领导干部共10人,按照中央的要求开了一个批评会。这次会议,是重庆党组织历史上的第一次民主生活会,恐怕也是中共初期历史上难得的会议记录保存完整的一次民主生活会。

中国共产党重庆地方执行委员会和中国社会主义青年团重庆地方执行委员会两个领导集体联合召开民主生活会的记录,是迄今为止我们能够看到的中国共产党历史上第一份原汁原味的民主生活会记录,珍贵之至。这场"赤裸裸"的批评和自我批评,为全党树立了一个标杆,堪称中共早期民主生活会的经典案例。

1927年大革命失败后,杨闇公、漆南薰、陈达三、冉钧、李蔚如等壮烈牺牲。在革命斗争生死存亡的关头,党中央又连续向四川派出了四位省委书记傅烈、张秀熟、刘愿庵、穆青。他们在重庆的血雨腥风中,以坚韧之志,为党工作,有的坚韧无畏、抛头洒血,有的不惧艰险、顽强奋斗。

(四)愿以我血献后土:敢作敢为、屡仆屡起的"顽强"

四川革命先驱车耀先入党后就写下了《自誓诗》,"愿以我血献后土,换得神州永太平"。1946年,他牺牲在重庆歌乐山。《自誓诗》鲜明地体现了重庆革命文化中敢作敢为、屡仆屡起的"顽强"品格。

中共重庆地委是在大革命时期第一次国共合作的高潮中成立的。一经成立,立即将武装斗争提上了重要议事日程,策动了泸顺起义。这是除北伐战争主战场外,国内支援、配合北伐战争的重大军事行动,是大革命时期中国共产党人独立掌握革命武装,举行武装起义的勇敢尝试,是南昌八一起义的预演,打响了反对封建军阀的第一枪;同时也有力地推动了四川革命运动的发展,成为中国共产党在大革命时期争取改造旧军队的一个范例。尤其是为中国共产党领导军事工作积累了经验,锻炼了一批优秀的干部。

大革命失败以后,封建军阀与国民党反动派勾结起来,对中国共产党和国民党左派大开杀戒,重庆经历了血雨腥风的恐怖时期。到1935年,重庆几乎已经没有党组织和党员了。即使在如此严酷的环境下,重庆的共产党人、革命志士仍顽强地为理想和信念而奋斗。

1936年,与党组织失去联系的漆鲁鱼辗转回到重庆,与一帮青年骨干成立了"重庆各界救国联合会"。漆鲁鱼举起了革命的旗帜,迅速成为抗战全面爆发之前,重庆抗日救亡和革命运动的领导核心,掀起了重庆抗日救亡运动高潮,为革命力量的重新凝聚和中国共产党重庆组织的重建培育了一批新的革命骨干力量。

1948年,《挺进报》被大破坏,上下川东三次武装起义失败,使川东党组织遭受自全面抗战爆发、重庆党组织重建以来最大的破坏。面对挫折,川东地下党组织在总结经验教训的基础上,撰写了《中共川东地下党两年来工作基本总结提纲》。在狱中的共产党员总结了这

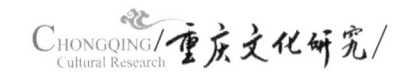

血的教训,形成《狱中意见》,以警示后人。重庆共产党人以坚定的信念和顽强的意志,以"为了免除下一代的苦难,我们愿——愿把这牢底坐穿"的决绝气概,谱写了凛然不屈、视死如归的英雄壮歌。

(五)长忆安危谁与共:万众一心的"团结"

"安危谁与共?风雨忆同舟!"是1941年周恩来参加国民党谈判代表张冲的追悼会时送的挽联,也是重庆"团结"精神的写照。

1939年,中国共产党提出坚持抗战、团结、进步的方针。这里的"团结",既包括国内的团结,也包括国际的团结。

中共中央南方局坚决贯彻"发展进步势力、争取中间势力、孤立顽固势力"的策略,以"以诚待人,团结多数"的胸怀,既坚持团结,坚持国共合作,维护抗战大局,又与国民党的妥协投降势力和反共反民主行径作坚决的斗争,以斗争求团结。同时,广泛团结和发展各阶级各阶层各党派的爱国民主力量,最大限度地巩固统一战线的基础。最终实现了在抗日民族统一战线旗帜下大后方人民的大团结。

1941年太平洋战争爆发后,重庆成为反法西斯同盟中国战区统帅部所在地。重庆成为世界反法西斯同盟东方战场的战略支柱,也是中国外交由屈辱走向平等的重要舞台。

以周恩来为代表的中国共产党人,团结世界上一切可以团结的力量,在国内巩固抗日民族统一战线的同时,建立起反法西斯国际统一战线,充分地展现了我国对外交往的魅力,实现了中外记者组团访问延安、美军观察组进驻延安,开创了中国共产党"半独立外交"新局面。

1945年,董必武代表解放区参加旧金山联合国制宪会议。这是中共代表第一次作为正式成员出席国际会议,为新中国外交奠定了重要的基础。

(六)风流人物看今朝:指点江山、擘画新局的"豪迈"

1945年8月,毛泽东到重庆参加国共谈判,将《沁园春·雪》题赠第一次国共合作时结识的老朋友柳亚子。这首代表作展现了中国共产党人指点江山、擘画新局的豪迈气概,成为重庆革命历史文化中最为精彩的一笔。

中国共产党人坚持历史自信,争取历史主动,为实现七大路线而来重庆谈判。从1942年下半年开始,毛泽东就曾考虑赴重庆与蒋介石谈判,但终因蒋介石坚持"一党专政"

而未能实现。1945年,中国共产党召开了七大,确定了力争和平民主前途,成立联合政府的路线。在蒋介石三次电邀下,毛泽东以一身系天下安危的气概来到重庆。

毛泽东在重庆是擘画战后新局、决定中国前途命运的重大时刻。毛泽东领导全党以谈对谈,以打促谈,针锋相对,寸土必争,以有理、有利、有节的斗争,坚决回击了国民党的政治压迫和军事进犯,取得了政治上与军事上的主动权。最终签署了有利于中华民族和中国人民根本利益的《政府与中共代表会谈纪要》(即《双十协定》)。这是国共关系史上最重要的历史文献,重庆谈判、《双十协定》成为重庆最鲜明的印记之一。

毛主席到重庆参加国共谈判,同时也是对建党以来中国共产党在重庆的工作和党的建设的一次全面检阅,更是对抗日战争全面爆发以来,以周恩来为书记的中共中央南方局工作成效的直接体验和充分肯定。

重庆谈判之后,我党继续坚持"七大"路线,根据《双十协定》促成了"政治协商会议"(史称"旧政协")的召开。它所取得的主要成果标志着国民党事实上承认了"联合政府",其法西斯专政开始向着中国旧民主主义的方向转变。旧政协的成功是"重庆谈判"成果的继续,是中共政治指导和政治影响的结果。

尽管政协决议最终为国民党反动派撕毁,但共产党仍然继续坚持"七大"路线,周恩来同志曾经指出,"政协路线就是毛泽东同志《论联合政府》的路线"。终于在1949年9月召开了排除国民党反动分子的"中国人民政治协商会议"(史称"新政协"),完成了新民主主义革命,创立了中华人民共和国。

重庆革命文化告诉我们:自重庆开埠以来,尤其是中国共产党成立以来的百年征程之中,马克思主义的传播,共产主义运动的兴起,民族复兴与阶级革命的发生,是中国近代社会发展的必然结果。中国共产党是中国无产阶级的先锋队,也是中华民族的先锋队。这是历史的选择,是人民的选择,是时代的选择。

推进全民艺术普及，提升群众演唱水平
——试论群众演唱中心理素质的培养与构建

马佳

（重庆市群众艺术馆）

【摘要】全民艺术普及包含了丰富的内容：全民艺术知识的普及，全民艺术欣赏的普及，全民艺术精品的普及，全民艺术技能的普及，全民艺术活动的普及，等等。其中，声乐演唱是群众喜闻乐见的一种艺术形式，也是全民艺术普及中的一个重要内容。在各种群众文艺演唱活动中，演唱者的心理素质起着至关重要的作用，它在一定程度上决定了演唱的艺术质量和艺术效果。笔者基于自己多年组织开展群众演唱活动的实践经验，探讨群众演唱中心理素质的培养与构建。

【关键词】艺术普及；群众演唱；心理素质；培养构建

演唱是一门表演性较强的艺术展示活动，它要求演唱者拥有较强的心理素质，拥有临场不乱的稳定状态，只有这样，演唱者才能避免怯场，才能将歌唱艺术表现得淋漓尽致，才能声情并茂、挥洒自如地精准展现音乐作品的主题和内涵，才能营造浓郁的艺术氛围，收到良好的现场艺术效果。

一、心理素质在演唱中的作用

心理素质是人的整体素质的一部分。因为所受教育等的不同，所以每个人表现出来的心理状态也各不相同。每个人的心理素质与其人生经历有着直接的关系。演唱者的心理素质是决定演唱质量的重要因素之一。

在演唱活动中，大多数演唱者都有可能出现怯场的情况，主要表现为心跳加快、呼吸急促、唱歌时忘词或者走调跑音等,有些严重的甚至没有办法完成正常的演唱活动。这种状态对于演唱者是非常不利的,会影响演唱者在整个演唱过程中的表现。因此,演唱者要学会克服怯场心理,培养强大的心理素质。对演唱者而言,具备良好稳定的心理状态尤为重要。

二、出现怯场心理的原因

(一)对曲目的把控不够

在演唱歌曲的时候,演唱者必须对演唱的作品了然于胸,要能够准确地记住曲目的歌词、旋律、织体、节拍、节奏等基本元素,只有这样才能保证演唱的顺利进行。如果对演唱曲目的把控不够,演唱者在演唱中就有可能出现忘词、卡顿、唱错节奏的现象,进而产生紧张、焦虑的情绪,这种情绪的蔓延又可能会导致整场演出无法正常进行。

(二)自信心不够、底气不足、专注力较差

有的演唱者自信心不足,在演唱时出现怯场的情况。有的演唱者在平时鲜少参加歌唱活动,导致经验不够,底气不足,难以发挥出自己的最佳水平。而有的演唱者过于重视演唱之外的一些因素,比如身体姿势、舞台效果、观众反馈、演唱环境或获奖名次等。当把注意力放在演唱之外时,演唱者就会注意力涣散,难以集中精力投入到演唱中去。

三、心理素质的培养与构建

(一)学会"深呼吸",建立自信心

演唱过程中出现怯场现象,除了以上的心理原因外,有很大一部分原因是演唱者的呼吸出现了问题。因此,在演唱前,演唱者首先要学会调整自己的呼吸方式,调整好呼吸有助于缓解紧张情绪。

在此提供三种可借鉴的方法。

方法一:使用腹式呼吸法。具体操作是:自然站立,深深地吸一口气,使腹部扩张,然后用鼻子徐徐呼气,将气慢慢地从鼻孔排出,腹部也随之慢慢地收缩;一般情况下吸与呼的时间比为2:1。

方法二:使用胸式呼吸法。具体操作是:自然站立,先慢慢地深吸一口气,然后用口、鼻将气不断地呼出,这时两肋和小腹会逐渐收缩起来并向内凹陷。

方法三:使用胸式和腹式混合的呼吸法(也就是胸腹式联合呼吸法)。具体操作是:先用鼻子吸气3秒后,再呼气4秒。演唱者熟练运用这三种方法可缓解紧张情绪,保持平和、自信的心理状态。

(二)放松心情,主动进行心理暗示

在演唱中,一些演唱者常常感到紧张,其实这是正常现象。根据多年的舞台实践经验,笔者认为适度的紧张是可以的。可控的紧张有利于演唱者保持专注和兴奋感,激发自身的表现欲,但是过分紧张不利于演唱的进行,所以演唱者要学会克服紧张心理,调节自己的情绪,主动进行自我心理暗示。

首先,可以在演唱前找个安静的空间休息片刻,让心情平静下来,也可以通过冥想缓解紧张感,还可以听一些舒缓的音乐。

其次,可以进行自我心理暗示。这是一个非常好的方法,它可以让演唱者放松身心、稳定情绪。例如,演唱者在舞台上演唱《我和我的祖国》之前,便产生了紧张心理,害怕面对观众,这时就可以进行自我暗示,提前做好心理建设。我们可以想象祖国的大好河山,遥想革命征程、峥嵘岁月,激发内心的爱国之情。这样一来,我们心中就会产生一种信念感,从内心深处生发出对祖国的深挚情感,这种情感力量可以抵消紧张感,抵消来自舞台的压迫感。

(三)多练习,熟悉歌曲,学会表达意境

有些演唱者因为缺乏演唱技巧、对曲目不熟,也会产生怯场心理。

要想解决这个问题,必须做到以下几点:首先,演唱者要加强声乐训练,多唱、多练,熟练掌握音乐作品;其次,要熟悉歌曲的创作背景以及歌曲的内容和意境。例如,演唱的歌曲中歌词很多、很长,而且有几句不太好唱,那么演唱者在演唱这首歌曲之前应先熟悉歌词,并结合歌曲的创作背景,感受歌曲的意境,体会作者创作时的情感和思想,深化对歌曲的了解。这样一来,演唱者在演唱时就会胸有成竹,从而避免产生怯场心理。

在全民艺术普及过程中,演唱是一种普及性较高、参与面较广、综合性较强的艺术表现形式。群众演唱者心理素质的提升和演唱水平的提高,有助于提升群众演唱者的文化参与

感、获得感和幸福感,丰富群众演唱者的精神文化生活,进而繁荣社会主义文化,提高全民艺术素养,为中华民族的伟大复兴提供强大的精神动力。

参考文献

[1]王睿.高校声乐教学中怯场心理的探究与实践.中国民族博览,2021(14):73-75.

[2]李景丽.浅谈声乐演唱怯场心理的原因与调节方法.北方文学,2019(17):131.

故纸翰墨润巴史，兰台藏本忆王公
——清乾隆重庆府《巴县志》初刻线装孤本历史文化价值探讨

黄玉才

（重庆市石柱土家族自治县规划和自然资源局）

【摘要】清代是修志的鼎盛时期。清乾隆二十六年（1761年）刊刻的重庆府《巴县志》详细记载了巴县的历史沿革、山川地理、社会风土等，是研究重庆历史文化的权威的地方志，是历史文献价值极高的一部精品良志。

重庆市渝中区地方志编纂中心、区档案馆，发挥兰台人的烛光奉献精神，史海觅珠，石室寻宝，于2018年至2020年，先后整理、影印、出版了乾隆、同治、民国的三部线装本《巴县志》，让地方志古为今用，发挥存史、资政、育人、服务的作用，为保护珍贵的档案文献、传承优秀的历史文化遗产做出了巨大贡献。

巴县知县王尔鉴编纂的乾隆《巴县志》历史文献价值极高。本文以影印的乾隆《巴县志》线装本为研究对象，参考相关文献，探讨其历史文化价值。

【关键词】地方志；重庆府《巴县志》；历史文化价值

城门锁半岛，舟楫涌两江。清代的重庆府十分繁华，位于四川省的东部，下辖巴县、江津、长寿、永川、荣昌、綦江、南川、铜梁、大足、璧山、定远、合州、涪州等，以及相当于县一级行政建置的安居乡和江北厅。重庆在清代中期，是长江上游的水路枢纽，还是商业经济中心。

巴县历史悠久，其名称数易，其地域范围也多次变迁，清代重庆府巴县涉及现重庆主城及其周边区域。历史上，重庆府与巴县同处一城，府县分治，许多地方志、地图中均有记载。乾隆、同治、民国《巴县志》各有特色，其中，王尔鉴编纂的乾隆《巴县志》是被后人引用最多的《巴县志》，有着重要的历史文化价值。

《巴县志》从清乾隆十六年（1751年）开始编纂，至清乾隆二十五年（1760年）完成，于清乾隆二十六年（1761年）刊刻，其体例完整、行文规范，详细记载了巴县的历史沿革、山川地理、社会风土等，成为研究重庆历史文化的最为权威的地方志之一。该版本的《巴县志》有清乾隆二十六年（1761年）初刻本，嘉庆二十五年（1820年）重刻本，道光二年（1822年）补刻本。

《巴县志》记载了清朝时期重庆的繁荣景象："巴一叶云浮，万家烟聚，坊厢廛市，傍壑凌岩。吴、楚、闽、粤、滇、黔、秦、豫之贸迁来者，九门舟集如蚁。陆则受廛，水则结舫，计城关大小街巷二百四十余道。酒楼茶舍与市闽铺房，鳞次绣错，攘攘者肩摩踵接。"

为加强珍贵档案文献的保护和研究，重庆市渝中区委、区政府高度重视，启动历史文化遗产保护工程，由区地方志编纂中心、区档案馆，按照"修旧如旧"的原则，于2019年完成乾隆《巴县志》线装初刻本整理影印工作，2020年又相继完成了同治《巴县志》和民国《巴县志》的整理影印工作。整理、影印出来的三部《巴县志》，均采用宣纸线装方式制作而成。清乾隆二十六年（1761年）初刻本《巴县志》，是历史文献价值极高的一部精品良志。

"石室梨板留古风，县志编修十年功。故纸翰墨润巴史，兰台藏本忆王公。"这是笔者醉读之后的感想。

一、《巴县志》编纂背景

巴县建置历史悠久，北周武成三年（561年），始称巴县。早在东汉便有志书纂修，而清代是修志的鼎盛时期。清朝疆域宽广，出现了"康乾盛世"的繁荣景象，官方实测了全国疆域，并将测绘成果汇编成皇家地图——"殿板"《皇舆全览图》，宣示国家主权，而"殿板"地图后来成为古籍善本。

我国历史上行政区划的称谓变化一般较大，重庆先后称巴郡、渝州、恭州、重庆。清初将明代的"布政使司"改为省，下设道、府、州、厅、县，重庆府属川东道。而重庆府巴县成了道、府、县治所所在地。

由于战乱，地方志遭到了毁灭性的破坏，重庆地方志散佚严重。于是，在全国掀起修志高潮的清代，是中国方志发展的鼎盛时期。清政府诏令各地编纂地方志，全国修《一统志》，省修通志，府、州、厅、县编纂地方志，范围广，时间跨度较长，从清康熙到宣统年间，各个时期都有编纂、刊刻的地方志，如《四川通志》《重庆府志》《巴县志》《涪州志》等。清乾隆年间

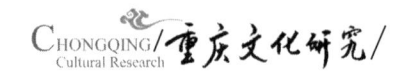

达到修志高峰,全国各地均编纂、刊刻了地方志,不少地方还编纂、刊刻了名山、名水、名胜专题志,如《西湖志》等。清乾隆年间的《巴县志》就是在全国修志高潮的背景下,编纂完成的精品良志。

清代巴县的方志有乾隆《巴县志》、同治《巴县志》、光绪《巴县乡土志》等。民国期间,四川各地共编修志书达160余部。

2018年至2020年,重庆市渝中区地方志编纂中心、区档案馆,史海觅珠,石室寻宝,先后整理、影印、出版了乾隆、同治、民国的三部线装本《巴县志》,让地方志古为今用,发挥存史、资政、育人、服务作用,为保护珍贵的档案文献,传承优秀的历史文化遗产做出了巨大贡献。

二、乾隆《巴县志》的特点

1.版本珍稀

《巴县志》的版本有清乾隆二十六年(1761年)初刻本,嘉庆二十五年(1820年)重刻本,道光二年(1822年)补刻本。清乾隆二十六年(1761年)初刻本是孤本,现藏于日本早稻田大学图书馆。

乾隆《巴县志》序言手书木刻:张九镒楷书,具有颜真卿《多宝塔》的风格;王尔鉴楷书,兼具魏碑风格;姜会照行书有二王余韵;周开丰隶书,沉稳古茂,汉隶风格显露。正文字体为宋体。

全函17卷,体例规范,内容翔实,行文严谨。书封、扉页题刻"巴县志"。首卷有手绘地图——《重庆城图》和《巴县舆图》。重庆主城在渝中半岛,形如"神龟",龟头在朝天门江嘴,龟尾在打枪坝。而巴县的形状又像一片树叶,所以,知县王尔鉴在《舆图》前题铭:

> 维巴之城,维石岩上。
>
> 一叶云浮,两道虹盘。
>
> 既刚且险,鸿炉鼓铸。
>
> 坚以一心,金汤永固。

2.印刷精良

乾隆《巴县志》使用宣纸,印刷精良。宣纸起源于唐代,一般需要100多道工序才能制成。"轻似蝉翼白如雪,抖似细绸不闻声。"宣纸易于保存,经久不脆,不易褪色,能防腐、防虫蛀,故有"纸寿千年"之誉。宣纸印刷的历代书画真迹,如清代《四库全书》、故宫博物院收藏的唐代韩滉《五牛图》、安徽省博物馆珍藏的南宋张即之《写经册》等,保存至今。

3. 体例完备

从清乾隆十六年(1751年)到乾隆二十五(1760年),重庆府《巴县志》的编纂用了9年时间。《巴县志》的体例参考了清雍正《四川通志》。有卷首序、姓氏、凡例、城图、舆图,共17卷:卷一疆域,卷二建置,卷三赋役,卷四学校,卷五兵制,卷六职官,卷七选举,卷八名宦,卷九人物,卷十风土,卷十一至卷十六艺文,卷十七艺文补遗。乾隆《巴县志》资料翔实,仿史家之笔,是同治、民国《巴县志》的重要参考文献,是研究重庆地域史的重要史料。

4. 内容翔实

乾隆《巴县志》共17卷,主要记载了重庆渝中半岛的历史、经济、文化状况,是传承巴蜀文明、发掘历史智慧的重要载体。这部极具权威性的重庆地方志书,对清乾隆以前的巴县建置沿革做了比较详细的梳理,完整地展现了重庆渝中区"九开八闭"十七座城门,以及川东道署、重庆府署、巴县署等行政、军事机关和治平寺、东华观等宗教场所。

乾隆《巴县志》卷一中记载:"《禹贡》:梁州之域,周巴子国,春秋巴国都,秦置巴郡,汉巴郡治江州,晋改巴都郡,宋齐仍巴郡,梁置楚州,西魏改巴州,后周改巴城县嗣改巴县,隋改渝州复曰巴郡,唐复为渝州嗣改南平郡,五代渝州,宋初渝州嗣改恭州嗣升重庆府治巴县,元巴县,明巴县,皇清因之。"

三、乾隆《巴县志》舆图信息丰富

乾隆《巴县志》中的舆图包含了众多地理信息与地理景物。其中,《重庆城图》的主要范围包括重庆古城及周边。该图完整地展示了重庆"九开八闭"十七座城门,以及川东道署、重庆府署、巴县署、总镇署等行政、军事机关和治平寺、崇因寺、东华观等宗教场所,对于其他信息则呈现较少。这也反映出古代重庆城市建设偏重政治、军事和宗教文化功能的特点。

在《重庆城图》中,长江称为岷江。地图对渝州半岛标注得比较详细,对江北、南岸标注得比较简略。

《重庆城图》中标注的信息大致如下:

上半城：

城门：翠微门、朝天门、西水门、千厮门、洪崖门、临江门、定远门、通远门。

街巷建筑：三洞门、朝天观、龙神祠、玄天宫、藏经阁、左营署、中营署、关帝庙、学院署、书院、魁星阁、莲花池、铜鼓台、五福宫、巴蔓子墓等。

下半城：

城门：东水门、太安门、太平门、人和门、储奇门、金紫门、凤凰门、南纪门、金汤门。

官署、街巷建筑：川东道署、重庆府署、巴县署、右营署、经历署、典史署、洗墨池、报恩寺、县文庙、金碧台、东华观、土主庙等。

山脉有巴山、金碧山，江河有岷江（长江）、嘉陵江。

因长江、嘉陵江水运便利，重庆商贾云集，货物如雨，成为繁华的货物集散中心。从地图中，我们可以发现，官署、商号等主要集中在下半城。

《巴县舆图》用山水画技法，形象地标注了山川河流、关隘、驿道等地理信息。巴县范围：正东二百里长寿县界，东南一百八十里南川县界，正南一百里綦江县界，西南一百里江津县界，正西八十里璧山县界，西北一百四十里铜梁县界，西北一百里合州界，正北二百六十里岳池县界，东北一百六十里邻水县界。

从《巴县舆图》中可知，江北弋阳观位于山峦上，相国寺、莺花渡、上关三个地理景物距离较近，均在巴县城郭北，嘉陵江由北向东流向河道转弯处。巴县城地势险要，塘汛据点多在河道沿岸与山间重要关隘处，如涂山、黄葛渡、青木关、佛图关、龙洞关、钓鱼嘴等处。

《巴县舆图》还标注出了驿传，如鱼洞驿、木洞驿（分别位于钓鱼嘴对岸与明月峡处）等；宗教与祭祀地点，如社稷坛、风雪坛、温塘寺等；渡口，如黄葛渡、龙门浩、海棠溪、钓鱼嘴等；关隘，如鹿渡关、双寨关、南平关、青木关、佛图关、二郎关等；重要的山川景物，如圣灯山、涂山、缙云山、歌乐山、金鳌山等。

四、乾隆《巴县志》的历史文献价值

清代巴县三部方志编纂于不同的历史时期，呈现出不同的体例类目与内容。而乾隆《巴县志》堪称贯通古今、横陈百科、包罗万象，是一部详尽的地情、国情书，具有重要的历史文献价值。

1."巴渝十二景"首次入志

乾隆《巴县志》的一个重要贡献,就是将渝州八景"汰三增七",描绘为"巴渝十二景"。颇有文学和审美素养的王尔鉴,根据"其趣在月露风云之外,其秀孕高深人物之奇,登临俯仰,别有会心……空灵飘渺,在有象于无象之间,最称奇妙……别具幽趣,空灵不著色相"的选景标准,删除了渝州八景中的三景,并增加了七景,从而形成了最早的"巴渝十二景",距今已有两百余年历史。他编纂《巴县志》,十年内铢积寸累,笔削去取,致力之勤,令人钦佩。他四处探访名胜,行走于重庆的山水之间,经过仔细斟酌,总结出"巴渝十二景",并将其记入《巴县志》,此十二景即金碧流香、洪崖滴翠、龙门浩月、桶井峡猿、字水宵灯、黄葛晚渡、海棠烟雨、缙岭云霞、云篆风清、华蓥雪霁、佛图夜雨、歌乐灵音。

他自撰《巴县志》序言:

> 巴渝郡县百余年无志。今志始辑于乾隆十六年十月,讫于乾隆二十五年十有一月。征文,则断简残编,单辞双字必录。考献,则学士大夫、乡老寓贤、山僧徒史必咨。有时秋坟掀月、古刹搜云、绝壁牵藤、深渊揭石。苟有关于斯土,无不罗而致之。但择焉弗精、虞漏且陋,聊具胚胎,敢祸梨枣?邑人士进言:今不付梓,则幽微谁阐?溪山无色云胡征利弊,以验风俗、施政令,且使后之视今,亦犹今之视昔。公盖审诸,余感斯言谬。予攻木至若补漏,而备泽陋而雅,斯所望于来者。巴令熊峰氏王尔鉴书于县署之磊石轩。

2.重庆"九开八闭"城门等城市信息入志

乾隆《巴县志》将城市信息用中国画的形式标注在地图上,如"九开八闭"的十七座城门。在地图中,我们可以清晰地看到,渝中半岛形如神龟,龟头在朝天门,龟尾在打枪坝,"九开八闭"十七座城门将半岛锁住,城市分为上下城,格局独特。书院、寺庙等宗教建筑集中在上半城,官署、商号等主要集中在下半城。乾隆《巴县志》记载了当时重庆的历史文化,具有重要的历史价值和文化价值。

五、结语

综上所述,因战乱等原因,流传至今的重庆府方志寥若晨星,而保存至今的乾隆、同治、民国的三部线装本《巴县志》是完整的精品良志,特别是清乾隆二十六(1761年)刊刻的《巴

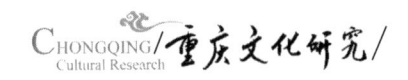

县志》,早于清道光二十三年(1843年)刊刻的《重庆府志》,是保存最完整的重庆地方志,具有很高的历史文化价值,是能供史学研究参考的珍贵文献。

参考文献

[1]黄博.试论道光《重庆府志》的成书与价值.重庆邮电大学学报(社会科学版),2010,22(2):91-95.

[2]高远.清代巴县方志纂修论略.重庆工商大学学报(社会科学版),2013,30(3):128-133.

[3]孙健.同治《巴县志》新旧舆图差异背后的现实性因素分析——以同治《巴县志》文本为主要论述参考.三峡论坛(三峡文学·理论版),2014(4):104-111.

长江：中国戏曲之脊梁

刘德奉

（重庆市文化和旅游研究院）

对于戏曲，笔者本是一个外行。近年来，笔者因专注于长江文化研究，买了100多本关于长江文化的书，这些书中就有关于戏曲的内容。自2022年11月以来，笔者集中精力读了一些关于长江戏曲、中国戏曲方面的书籍，有一些感受。本想再读一些关于世界戏曲的文章，但没有找到这方面的书籍，故此，只能浅谈一点读后感。

中国戏曲源远流长。先秦的优戏、汉代的角抵戏、唐代的参军戏，这些都是中国古代戏曲的雏形。南宋的南戏，是中国历史上最早的成熟戏曲形态。元明的昆山腔是中国四大声腔之一。清朝是戏曲的繁荣发展时期。

中国戏曲博大精深，融音乐、舞蹈、美术等元素于一体。长江是中华民族的母亲河。生活在长江流域的劳动人民，在中国戏曲的发展过程中发挥了重要作用，具体表现在对声腔、戏曲作品、戏曲传播的贡献等方面。

总结归纳长江流域戏曲对中国戏曲的贡献，主要有五点。

一、南戏为中国戏曲的成熟发挥了重要作用

中国戏曲的发源地主要集中在黄河流域，戏曲的种类有优戏、角抵戏、参军戏等。南方的民歌、民间小戏发展繁荣，广泛流行的有灯戏、采茶戏、山歌、劳动号子等。这些艺术形式虽历史悠久，但起源于何时已难考察，因为未见于文献。

戏曲源于生活。古时长江中上游巴地的"巴渝舞"来自民间，虽在汉时的宫中昙花一现，但也可算作一例。

南宋时期，由于北方战乱，社会动荡，经济萧条，宋朝廷南移杭州，从而促进了南方政治、经济、文化的发展。北杂剧南下，促进了长江下游地区戏曲的发展，特别是给发源于南

方的南戏提供了学习、借鉴、提升的机会，为南戏成为与北杂剧齐头并进的大戏打下了基础。北杂剧与南戏共同发展、共同促进、共同繁荣，南宋末至元初，北杂剧、南戏已正式成为一种文化形态：戏曲。这时的北杂剧、南戏，才真正具备了戏曲的基本特征和规模。

而产生于长江下游区域的南戏，为中国戏曲的成熟发挥了重要作用。

南戏，在北宋宣和年间产生于浙江温州一带。温州古时称永嘉郡，故南戏又称"永嘉杂剧""温州杂剧"。起初的永嘉杂剧是本地人所编写的，在温州附近城乡演出，表演形式为民间歌舞加宋词调子演唱。南宋时期，北杂剧南下，促进了南戏的发展，为中国戏曲的成熟打下了基础。

二、中国戏曲繁荣于长江流域

在南戏的发展过程中，长江中下游地区产生了新的四大声腔，即产生于江西的弋阳腔，产生于浙江的余姚腔、海盐腔，产生于江苏的昆山腔。到了明嘉靖至清康熙年间，这些声腔充分吸收南戏艺术和北杂剧艺术的特点，形成了自己的特点。

昆山腔在明代中叶至清代中叶成为最有影响力的声腔剧种，是雅文化的代表。昆山腔的代表剧作家有李渔、李玉、沈璟、冯梦龙等，代表作品有汤显祖的《牡丹亭》、孔尚任的《桃花扇》、洪昇的《长生殿》等。

弋阳腔曾广泛流布于江西、安徽、浙江、江苏、湖南、福建、广东等地区，并与当地民间小戏相融合，促进了本地剧种的发展，如云南的滇剧、四川的川剧等。弋阳腔为清朝地方戏的发展做出了突出贡献。

三、中国戏曲的主要声腔发源于长江流域

永嘉杂剧来自南方的民间歌舞小戏。这些歌舞小戏起源于何时，是从什么地方发展而来的，则无文献记载。但可以肯定地说，在春秋战国时期，南方已存在民间歌舞小戏。《华阳国志·巴志》载："巴师勇锐，歌舞以凌殷人，前徒倒戈。"这说明巴国已有成熟并可提升战斗力的歌舞。后起的南戏快速发展，在南宋及元朝成为与北杂剧比肩的剧种。在后来的发展中，北杂剧逐渐衰落，而南戏则日益繁荣兴盛。

在长江流域，一些民间的歌舞小戏得到充分发展，逐渐发展成为地方戏曲，并发展成为有影响力的声腔。其中，最有影响力的四大声腔全都产生于长江流域。而这四大声腔中的昆山腔、弋阳腔后来甚至成为元末至清初的主要声腔剧种，引领了中国戏曲的发展。

产生于长江流域的具有影响力的声腔,除了昆山腔、弋阳腔、余姚腔、海盐腔,还有湖北地区的皮黄腔。

四、代表剧作家或作品多来自长江流域

从内容上看,中国戏曲主要分两大类别:一是神话传说,如夸父逐日、女娲补天、精卫填海、大禹治水等;二是文人的经典剧目,如《水浒传》里的故事、《西游记》里的故事、《三国演义》里的故事、《封神演义》里的故事。这些故事在民间广泛流传,老百姓耳熟能详。所以,这类经典内容,无论是什么剧种,无论由什么班社表演,无论观众是南方人还是北方人,都深受欢迎。

戏界有"唐三千,宋八百,演不完的三列国"之说,而这个说法针对的是历史故事、人物故事。这类故事是中国戏曲的重要内容。

文人的经典剧目,因其体系庞大、结构严谨、人物典型、思想丰富、艺术性强,推动了戏曲的艺术化发展,为中国戏曲塑造了许多典型的形象,留下了精彩的舞台艺术。

昆曲产生于南方,流行于南方,经济发达、社会安定的南方为昆曲的发展提供了条件,特别是为文人的创作提供了空间。

根据张庚、郭汉城主编的《中国戏曲通史》所言,昆山腔的代表剧作家中来自长江流域的占多数,其中影响力较大的有汤显祖、沈璟、李玉、李渔、洪昇等人。

汤显祖,明代戏曲家、文学家,其代表作《邯郸记》《紫钗记》《南柯记》《牡丹亭》被称为"临川四梦"。

沈璟,明代戏曲家、曲论家,强调把声律的技巧放在绝对的地位。

李玉,明末清初戏曲家,作品数量多,内容大众化,注重与剧场艺术相结合。

李渔,明末清初文学家、戏剧家,主张词采第一、音律第二。

洪昇,清初著名文学家、剧作家,《长生殿》是其代表作。

孔尚任的《桃花扇》与洪昇的《长生殿》被誉为明清传奇的压卷之作,也是中国昆曲鼎盛期最后的两座巅峰。

汤显祖的《牡丹亭》、孔尚任的《桃花扇》、洪昇的《长生殿》等作品既是戏曲史上的经典,又是文学史上的经典,是中国戏曲的代表作品,是长江流域戏曲对中国戏曲的突出贡献。

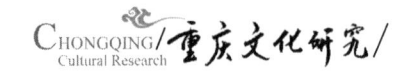

五、戏曲发展的主要推动力在长江流域

为什么戏曲发展的主要推动力在长江流域而不是在黄河流域？笔者认为：第一，当时南方社会比较安定，人们有精力享受艺术生活。历来中国政权的争夺主要在北方；而长江流域的南方，社会相对安定平稳，人们可以安居乐业。第二，南方多文官、多才子，有人才基础。如屈原、李白等都是生活在长江流域的人。第三，南方文化底蕴深厚。第四，南方有丰富的民间小曲、小戏。特别是南方的灯戏、山歌，发展得十分成熟。这些都为中国戏曲的发展提供了条件，亦可见南方民间戏曲基础之深厚。

龙门浩释"浩"

姜孝德
（重庆市江北区文化馆）

有一些现在看来稀奇古怪的地名，追根溯源，其实是古代语言的遗存，有的堪称语言的活化石。重庆市南岸区龙门浩的"浩"字就是这样一个例子。

现在的龙门浩（姜孝德摄）

"龙门浩月"是古巴渝十二景之一，其中，"龙门浩"为地名，这个地名中的"浩"字很有研究价值。

现在中国南方以"浩"命名的地方并不多,但还是可以找到一些。如重庆市木洞有苏家浩,北碚有桐子浩;四川乐山有麻浩(因发现汉代崖墓而闻名)。以上这些地名中的"浩"字,意思都是指可以停船的港,但是,如果就以此定义"浩"为小港,大概是难以服众的,还要收集更多关于"浩"的解释,总结分析后再来定义。

下面是几种关于"浩"的解释:

(1)小汊河为浩。民国《乐山县志》卷三《方舆志·方言》中记载:"水之歧出者,大曰汊河洱(洱即儿之阳平声),小曰浩浩儿。"其中"歧出者",指支流。这句话可以这么解释:注入江河的水,大的叫汊河,小的叫浩浩儿。

(2)江边积水为浩。清代张澍《蜀典》引黄庭坚语:"犍为之俗,谓江之瀼水为浩。"何为"瀼水"?一种解释是:瀼,水淤也。水积而不流,大的叫湖泊,小的叫水洼,用重庆话来说,也可叫"水凼凼儿"。所以,"浩"可解释为"临近江水的水凼凼儿"。

(3)流入大江的溪流为浩。《汉语方言大词典》对"浩"有多个解释,其中一项解释为通向大江的山间溪流,为西南官话。

(4)碛坝内支流曰浩。根据《四川方言与民俗》一书,今重庆三峡一带仍将砂石碛坝叉分水流贴岸之支流称为"浩",大者叫"港"。重庆长江南岸尚有地名"龙门浩",四川剑阁县仍把"小巷"(作者注:疑为港)称作"浩浩儿"。

(5)小港为浩。王士禛说:"巴人谓小港为浩,今戎州亦有金箱浩也。"

目前,我所能收集到的就这五种解释,这些解释看上去似乎都有道理。在此,暂不评论。先从我的实际生活来讲一讲"浩"的故事。我父亲曾是渔民,即便后来不打鱼了,也是船工,大半辈子生活在江上,我对"浩"的认识就来源于他。

我出生在嘉陵江末端一个叫莺花渡的地方——江对岸是临江门。这里有一个碛坝,叫莺花碛,也有人称它金沙碛。春末到秋末,碛坝被淹没在水里,秋末到第二年春末,碛坝是露出水面的。碛坝露出水面的时候,碛坝内侧(靠岸一边)是嘉陵江的支流,本地人称之为内河;碛坝外侧(远岸一边)是嘉陵江的主流,为区别于内河,本地人称之为外河。当江水少到一定程度时,内河就断流了。这个时候,内河较深的地方还储存着水,就成了湖,这片湖水,就被称作"浩"。

因为莺花碛的"浩"位于水府宫地段,而水府宫已经消失了,于是人们就直接称它为水府宫或者水府宫浩,有时干脆就只说浩、浩浩儿。水府宫浩有四五个足球场那么大,在浩形成的时候,一些鱼没游走,留在了浩里,因此人们会在浩里钓鱼。从前,为了方便江北城的人到莺花渡去过江,浩里建起了跳磴,在跳磴与跳磴之间,搭起了跳板,以供行人行走。水府宫浩因碛坝的鹅卵石被挖而消失,后又因三峡水库蓄水而被淹没。

一个浩的长度,短的三四百米,长的上千米。有的浩有溪水流入其中,至少水府宫浩、龙门浩是这样的。从地图可知,苏家浩有豚溪水流入,南溪木头浩也有小溪水注入。这些溪水先流到浩里,然后再从浩里流到江里。

在日常生活中,将"浩"字作地名的情况很少。春末的时候,当江水与水府宫浩里的水接通的时候,谓之"穿浩";如果江水是从浩的下游与浩接通的,就叫"穿下浩"或者"下浩穿";如果江水是从浩的上游与浩接通的,就叫"穿上浩"或者"上浩穿"。我父亲有时也将"浩"字重叠起来使用,如浩浩头、浩浩里,偶尔也说浩浩儿,比如"今年浩浩儿里的鱼好多哟,一网下去就捞起来三五斤"。由于"浩"的使用范围太窄了,因此南岸的龙门浩、上浩、下浩这些地名,就显得格外珍贵。

综上所述,叫"浩"的地方,一般有一个岛(或者是半岛、碛坝),岛外是江河的主流(外河),岛内是支流(内河)。支流(内河)可以被叫作"浩",是停船的良港。一般来说,支流都有溪水注入,而支流都要汇入主流(外河)。部分支流在枯水季节会与江河断开,形成瀼水,也称作湖,这个湖也可以被叫作"浩"。总的来说,浩是条形的,此外也有三角形的(这种情况在水府宫浩穿下浩的时候存在过)。

行文至此,我们再看前述五个义项,可以发现这些义项是相互联系的,有些义项虽然强调的面不同,但完全是可以合并的。如"小汊河为浩"与"碛坝内支流曰浩"在实质上是一致的,而它们与"流入大江的溪流为浩"应该也是可以合并的。一般在汊河里(浩里)停船非常安全,因此"浩"又被称作小港。"江边积水为浩"是指汊河断流成浩(湖),要合并到第一个义项里还是牵强了一些,可算作第二义项。

我认为,将"浩"释为"通向大江的山间溪流"是有问题的,因为溪流并不是直接流入大江中,而是流入汊河中,再随汊河流入大江中。

最后,我的结论是:浩,一指江边岛内的汊河,二指(江边岛内)江水滞留形成的小湖。

我认为解释"浩",必须要和岛联系起来,可以是岛、半岛,也可以是季节性岛屿,否则"浩"就不存在。古人说"浩,小港",那是因为船停在岛内的汊河里,没有"岛内汊河"这个前提,任何可以停船的小港(江湾)都不能叫"浩"。换句话说,只有是汊河才是"浩"的本义,停船只是"浩"的一个作用,它并没有改变"浩"的性质。正因如此,我解释"浩",加上了"江边岛内"的限定条件。

"浩"是巴人语言,龙门浩、上浩、下浩是语言的活化石,穿越了漫长的历史长河,这些古地名还能够保存下来,并且还"活"在我们的口中,真是万幸！这些古地名是一种宝贵的非物质文化遗产,我们应重视并珍惜它。

参考文献

[1]王士禛.王士禛全集:(三)诗文集.济南:齐鲁书社,2007.

[2]蒋宗福.四川方言词语续考(上).成都:巴蜀书社,2014.

[3]黄尚军,李国太,王振,等.四川方言与民俗.成都:四川民族出版社,2014.

[4]汉语大字典编辑委员会.汉语大字典:九卷本.2版.成都:四川辞书出版社,2010.

川东竹琴传承人潘光正的艺术人生

邹俊星

（重庆市文化和旅游研究院）

川东竹琴人，德艺凝双馨。

非遗传承功，日夜追星辰。

CCTV4 频道的演播大厅里座无虚席,观众屏住呼吸朝舞台上望去,但见一个温雅俊朗的男子端坐舞台中央,挺腰静默。男子凝神片刻,操起渔筒、筒板,在怀里轻轻一拂,随着指尖轻拢慢捻,一根竹筒、两块竹片发出奇妙的声响,仿佛五音十二弦都被调动起来了。偌大的演出大厅,只有这曼妙的琴音。

随着剧情的推进,男子转腔换调,时而高亢入云,时而低落深沉,时而委婉缠绵……观众不禁惊叹:这个男子不简单哟! 音色丰富,感情真挚。

这名男子名叫潘光正,让我们一起来看一看他的艺术人生。

一、竹琴缘起少年强

1962 年,13 岁的潘光正考入原万县市曲艺队,正式踏入曲坛,系统学习四川的各种曲艺形式。潘光正发奋学艺,勤学不辍。他每天早上三四点钟就起床,练习唱功、打功、手法、身韵等基本功,还苦练琵琶和二胡等乐器。入队一个月,他就登台演出了四川清音《关公挑袍》,大受观众欢迎。

1964 年,演出队的领导从梁平请来了竹琴大师方斌。潘光正正式拜方斌为师,跟他学习四川竹琴。半年之后,潘光正就学会了《月下盘貂》《徐元宰游庵》等曲目。

1964 年,潘光正到甘宁镇演出。演出正式开始后,观众仍喧闹不已,"雾蒙蒙,山花点头风阵阵……"当潘光正嘹亮的嗓音响起时,观众立刻竖起耳朵,津津有味地观看起演出。演出结束时,观众还意犹未尽。潘光正就是这样一个一上台就能吸引观众的极具天赋的优秀曲艺人。

由于他勤学苦练,曲艺艺术的各种表演形式,如打、讲、唱、演、奏等,他都十分精通。往往在一台演出中,他要参加多个不同形式的节目。这让他成了名副其实的台柱子。

有一次,他在表演金钱板节目《夺印》时,在台上足足唱了半个小时。之后,他还表演了四川车灯《懒汉和鸡蛋》、四川盘子《报道》,并负责二胡伴奏。从这足以窥见他的功底之深厚。

二、勤学苦练为艺道

潘光正全面系统地掌握了四川竹琴一打、二讲、三唱、四演的表演技法。"打"得娴熟动听,引人入胜;"讲"得形象生动,感情充沛;"唱"得字正腔圆,铿锵有力;"演"得动作到位,出神入化。

他的口头禅是"持之以恒,多下苦功"。几十年不间断地苦练基本功,让他技艺非凡、表演经验纯熟、表现力丰富。

2006年,他在山西平遥演出6场《诗头子》。2008年,他在重庆文化宫非遗展演中演出4场《月下盘貂》。2009年,他参加重庆市非物质文化遗产保护中心承办的中法文化交流活动,演唱《名段荟萃》《月下盘貂》,向法国大使等外国友人展示四川竹琴。2010年,天津市电视台到万州录制四川竹琴,他演唱了《家住棉花地》。2011年,他下乡演出3场《局长与小偷》。同年,他到永川区参加公益演出。2012年,他在云阳县张飞庙庙会演出。同年,他到百安坝街道演唱新编竹琴《歌唱十八大》。2016—2017年,他连续两年参加万州举办的三峡国际旅游节文娱演出活动……

他用精彩的演出,向大家展示了四川竹琴的魅力。

三、川东竹琴功力深

竹琴老艺人有这样一句话,"讲是君,唱是臣"。戏剧有这样一种说法,"讲千斤,唱四两"。相声离不开"说""学""逗""唱",金钱板讲的是"三好""两合",而竹琴的艺术特点是"打""讲""唱""演"缺一不可。

一打。竹琴这一特殊的打击乐器,能完成戏剧锣鼓的任何一种打法,能打出风云雷雨、千军万马、轻移莲步、高山流水。比如,在《月下盘貂》唱段中用竹琴能打出貂蝉轻移莲步的姿态;在《伯牙抚琴》唱段中能打出俞伯牙与钟子期知音相遇、高山流水的情景。

二讲。讲的技巧包括气息、吐字、气场、贯口。讲要口齿清晰,快而不乱,慢而不断,抑扬顿挫,表达准确。

三唱。唱时讲究字正腔圆:字头要分清,字腹不变形,字尾要收好,声调要念准。

"行腔如秤,吐字如钉。"这要求演员在行腔时要像用秤称物体那样准,吐字时要像钉木头那样稳,把每一腔、每个字清清楚楚地送进听众的耳朵里去。

四演。有经验的、善于表演的演员和没有基本功的演员唱同一段,会产生两种完全不同的效果。这里没有什么各有千秋的说法,只有高低之分。因此,加强表演,尤为重要。

声情并茂。四川竹琴的主要表现手段是通过演员的声音(即吐字行腔)来描绘书中人物的外表、行为与内心世界等。要想把书中人物刻画得栩栩如生,艺人在表演时必须声情并茂。

川东派竹琴自形成至今,已有200多年的历史,现形成以下特征:

(1)道具简单、轻便,表演者可多可少。

(2)不择场地。在田间地头、院落、茶馆等均可表演。

(3)唱腔韵味浓郁、独特动听,唱词讲究押韵、对仗、排比、字数统一。

(4)可单独表演,也可与其他民乐一道混合演出。

四、非遗传承聚心血

作为一名共产党员和一名曲艺工作者,潘光正始终以传播中华优秀传统文化和传承非遗艺术为己任,不遗余力,不忘初心。2010年退休后,他怀揣匠心,身背竹琴,在学校、社区等

地展示、传授非遗艺术。

在他的潜心指导下,喜讯频传。2012年,万州区孙家中心小学成功申报为四川竹琴重庆市级非遗传承教育基地;2014年,万州区青少年宫成功申报为四川竹琴重庆市级非遗传承教育基地;2017年,万州区赶场中心小学成功申报为金钱板重庆市级非遗传承教育基地。

2018年,万州区文化馆、万州区非物质文化遗产保护中心为潘老师举办了盛大的收徒仪式。来自全国各地的28名竹琴、金钱板爱好者集体拜师,场面盛大,热闹非凡。这场收徒仪式受到了媒体的广泛关注。这场收徒仪式的举行,不仅进一步推动了传统曲艺事业的发展,壮大了曲艺传承队伍,也是对一名文艺工作者的尊重和认可。

秉持着有求必应、有学必教的精神,潘光正通过在家里开设课堂、到艺徒所在地面授和网络教学等多种形式,倾其所能、毫无保留地进行着教学活动。这些年,他收徒60多名。这些学徒有来自重庆、四川的,也有来自贵州、海南的。

五、薪火相传谱新章

"学琴先学做人。"这是潘光正收徒授课时说的第一句话。他认为,从艺之人,必须思想品质过硬,以德为先。

他教授学生不求回报,只要学生能把曲艺艺术带上舞台,并受到观众的喜爱就够了。

在继承四川竹琴基本唱腔的同时,潘光正结合时代主旋律,创作了大量脍炙人口的竹琴曲目,如《竹琴声声颂党恩》《赞三峡》《家住棉花地》《三袋米》等。

潘光正还研究不同型号、材质的竹琴,改进了竹琴的制作工艺,成功实践了用塑料薄膜代替猪小肠皮作竹琴蒙皮的工艺,制作了近20种不同型号的竹琴。

在四川竹琴申报国家级非物质文化遗产的工作中,潘光正起到了至关重要的作用:担任申报工作艺术总监,负责申报材料的收集整理以及视频报送等。

花开遍地,收获不断。三峡曲艺团表演的竹琴《赞三峡》获文化部(现为文化和旅游部)第十五届群星奖;万州区青少年宫表演的竹琴《军神刘伯承》获重庆市首届少儿曲艺大赛一等奖;万州区赶场中心小学表演的《金钱板联唱》获重庆市首届少儿曲艺大赛三等奖;等等。

2017年,潘光正被万州区文旅委正式聘请为"三区"人才工作者,定点帮扶龙驹镇文化建设。潘老师全身心投入其中,创作出四川车灯《唱龙驹》。因内容新颖,格调高雅,加之授徒有方,当年一出演即大获成功。

现在,《唱龙驹》俨然成了龙驹镇的一张文化名片和镇乡之宝。潘老师也自感欣慰:"我在其他基地教授的大多是竹琴和金钱板,为了丰富说唱曲艺品种,让更多的曲艺形式得到传承和发扬,刻意为龙驹选择了车灯。"

潘光正为了推动曲艺事业的发展,呕心沥血;为了非遗文化的传承,鞠躬尽瘁。他的一生就是曲艺艺术的一生。

回忆京剧表演艺术家沈福存先生

周小骥

沈福存，男，中国共产党党员，著名京剧表演艺术家，首批国家一级演员，首批享受国务院政府特殊津贴者，曾为中国剧协会员、重庆市剧协常务理事、尚小云艺术研究会委员。曾获第七届"中国金唱片奖"戏曲类唯一"艺术家个人金奖"、京昆艺术"终身成就奖"。2012年成为第四批国家级非物质文化遗产项目京剧代表性传承人。

一、钟爱京剧，走进厉家班

沈福存先生是一位天赋极高、善于创新的京剧表演艺术大家。早年，沈先生曾对我谈起他从艺的经历。他出身贫寒，初名沈永明，第一次接触京剧是听了唱片中梅兰芳的唱段，优美的唱腔吸引了他。在读书时他便爱上了京剧，并学了《甘露寺》老生乔玄"劝千岁"、《汾河湾》旦角青衣柳迎春"儿的父去投军无音信"唱段。1948年，他父亲病逝，而他进入了号称"江南第一童伶京剧班"的厉家班学艺，列入"福"字科，改名沈福存，从此与京剧艺术结下不解之缘。

厉家班源于京剧教育家、著名琴师厉彦芝及其子女和多位"慧"字科艺徒于1934年在上海协助"更新舞台"演出而形成的"更新童伶班"，后随着厉氏"慧"字科学徒渐多，遂更名为"童伶厉家班"，并于1936年在南京正式定名为"厉家班"。1937年，抗日战争全面爆发，厉家班自芜湖经武汉溯江入川，巡演于云、贵、川三省，于1942年在昆明更名为"斌良国剧社"，再经辗转，在渝"一川戏院"扎下班营，形成"厉家五虎"（厉慧良、厉慧斌、厉慧敏、厉慧兰、厉慧森）、"慧氏三杰"（陈慧君、陈慧霖、邢慧山）等领衔主演的局面，成为"大后方"影响力最大的京剧表演团体之一。这些艺术家以拯救民族危亡为己任，积极投身于"抗战御辱"的洪流之中，以募捐义演、宣传公演等形式，启发民众，支援抗战。重庆市京剧团的前身便是享誉南北、久负盛名的厉家班。

二、勤学苦练，一鸣惊人

厉家班是以演代训的班社，实行的是军事化管理，集体吃饭、睡觉、练功、排戏、演出。对学员的要求很严格，谁要是犯了班规，就要"打通堂"。所谓"打通堂"，就是一人犯错，集体挨打。学艺是非常艰苦的，冬练三九，夏练三伏，要拿顶、下腰、翻跟斗、打把子、练毯子功、学戏、排练、演出，戏班迫于生计，有时甚至一天连演四场。

作为"新来军"，新学员只能"跑龙套"。为了"张嘴"，沈福存天不亮就去储奇门河边练嗓。终于，机会来了，那时戏班在演《西游记》的"女儿国"，沈福存扮演女官户部尚书，这个角色只有一句台词——"户部尚书海棠蕉"。为了唱好这句台词，他反复练习。到了登台那天，他站在台上，台下观众黑压压的一片，他一紧张，脑子一片空白，忘了台词，情急之下，他喊了一声"咿——"，台下一片寂静，只听得"咿"音回旋。顿时，台下笑声、掌声连成一片，后台同人们也哈哈大笑。之后，沈福存并没有因此受到责罚，相反，同人们一致认为他"一鸣惊人"，有一副好嗓子，是个唱戏的好苗子。

不久，他在《举鼎观画》中扮演薛蛟，一声"书童带路出府门"的唱腔，赢得台下一片叫好。之后，师父厉彦芝笑着对他说："赶明儿你就青衣、小生两门抱吧。"就这样，沈福存的行当就定为旦角、小生了。

三、兼收并蓄，创新发展

厉家班有一批教学经验丰富的老师，如赵瑞春、戴国恒、郭三增、张庆喜、吴芷香、韩凤英等。

以前，班社是以演出代替培训的，新生学戏的机会少，是戴国恒、吴芷香夫妇帮助沈福存打下了基础，而一些剧目是沈福存从师兄弟那儿学来的。如《春秋配》一剧，据沈先生所说，这出戏是没有老师传授的，最初是他和师兄弟一腔一句凑出来的。

这种学法效率不高，却给天赋颇高、勤于钻研的沈先生带来了很大的创作空间，后来这出戏又得到了戴先生及其夫人的指点。在长年的实践中，沈先生根据人物、剧情，边演边改，反复推敲，最终把《春秋配》打磨成了精美的杰作。

常言道："师傅领进门，修行靠个人。"平时边学、边练、边实践，全靠自己听、看、想、记。除厉家班老师传授的剧目外，沈福存还向梅派名票沈启和学习了梅派的经典剧目，这使他的唱腔水平有了很大的提升。没看过京剧"四大名旦"中梅兰芳的演出，他就听唱片、看电影，后来他又看了尚小云、程砚秋、荀慧生、周信芳等名家的演出，这些大师的精彩表演对他的影响很大。后来，他又赴京拜访张君秋先生，得到了其指点。他吸取了大师们的"玩艺"，并根据自己的条件进行继承、创新，技艺不断精进。

风雨过，见彩虹，经过坚持不懈的刻苦钻研，沈福存获得了"四川梅兰芳""山城张君秋"的美誉。他学演的剧目有《宝莲灯》《秦香莲》《二进宫》《六月雪》《三娘教子》《刺汤》《牧羊圈》《宇宙锋》《甘露寺》《武家坡》《御碑亭》《贩马记》《白蛇传》《祭塔》《春秋配》《锁麟囊》《红娘》《坐楼杀惜》《赵氏孤儿》《状元媒》《望江亭》《凤还巢》《生死恨》《玉堂春》等。

这些剧目见证了他从"杂家"变为"大家"的过程。这些剧目中，既有梅派华丽大方的重头戏，又有程派悠扬婉转的代表剧目，还有荀慧生俏丽活泼的代表作。这些剧目风格各异、各具特色，都是唱做并重的经典作品。沈先生横跨青衣、花衫、花旦、小生四大行当，从中吸取了多种艺术精华,这为他后来的艺术大成奠定了坚实的基础。

四、初出茅庐,红遍西南

1962年,沈先生因公赴云南。当时,中央人民广播电台正在播放由沈福存、厉慧良、厉慧斌合演的全本《甘露寺》。云南民盟的一位局长听说沈福存在昆明,便特邀他在民盟大会上演出,演出剧目有裘世戎的《赤桑镇》、沈福存的《玉堂春》、关肃霜的《打樱桃》。这场演出非常成功。

能与关肃霜、裘世戎这样的名家同台是一件非常难得的事。与这些名家同台,初出茅庐的沈福存毫不逊色,他那新颖独特的表演风格像一缕清风,征服了行家与观众,得到了京剧大家关肃霜的高度赞扬。

之后,沈福存又应邀出演了《春秋配》《白门楼》专场,在昭通、个旧等地连演几十场,场场客满,演出剧目有《锁麟囊》《红娘》《坐楼杀惜》《生死恨》《玉堂春》《望江亭》《凤还巢》《春秋配》《桑园会》《写状》等。此次巡演是"无心插柳柳成阴",而后,沈福存红遍云、贵、川。

五、厚积薄发,享誉全国

兼收并蓄是各位名家的成功之道,有的还跨行当、跨剧种。沈福存先生跨行当是在特殊年代里的一种应变之道。那时,男旦绝迹于舞台,沈先生并未因此而绝望,而是改行老生。他在现代京剧《智取威虎山》中饰演少剑波,凭着一副好嗓子和精湛的技艺,成功地塑造了这一角色。之后,他又演出了《闯王旗》《瑶山春》等剧,深受观众欢迎。

1977年,沈先生又回到了阔别十余年的旦角行当。这一时期是他厚积薄发的创新高峰期。沈先生的第一个复排剧目是《凤还巢》,该剧上演了近百场。从1977年到1979年,沈先生连续整理、复排了《玉堂春》《王宝钏》,后又整理、演出了《春秋配》。这几出戏是梅派的代表作,也是青衣行当的必演剧目。

在复排这些剧目时,沈先生在继承传统的基础上根据自己独到的见解和人物塑造的需求,大胆地对一些细节进行了创新。此类经典传统剧目的修改,涉及青衣改革,是一件难之又难的事。

当年,王瑶卿对林季鸿《玉堂春》新腔的运用就引起了争议,一部分人认为新腔标新立异,离传统太远;另一部分人认为新腔好听,艺术不能永远停留在原地。在不断的实践中,新腔逐渐受到广大观众的欢迎,之后王瑶卿的新腔传遍了戏剧界,极大地推进了京剧艺术的发展。

沈先生在传统剧目的继承和发展上,坚守"创新不离本体,借鉴不失本色"的艺术规则。在对唱腔的处理上,他根据自己嗓音宽厚圆润的特点,既继承梅派温润优美的经典唱腔,又竭力追求张君秋先生唱腔中玲珑剔透、圆润醇厚的韵味,同时也学尚小云、程砚秋、荀慧生等艺术大师的唱法,并结合自己的天赋特长,兼收并蓄,唱出了自己的风格。照沈先生的话说,他唱腔的底子是梅(兰芳)和张(君秋)的。但在唱腔的抑扬顿挫、节奏的快慢转承及小腔的运用上,他都有自己的处理和变化,追求唱腔行云流水、不瘟不火、抑扬得当、行腔自然。他的唱腔不能归到梅派、尚派或张派,他唱出了自己的风格。

青衣行当早期重唱功,不重表演,其表演是"目不斜视,笑不露齿",观众看此类戏,称为"听戏"。据梅兰芳大师讲述,这种表演在清朝末年有所改变,由王瑶卿进行了改革,他大大丰富了青衣表演艺术,同时还创造出"花衫"这一行当。

沈先生也是师法大师,在青衣表演细节上大胆创新,并得到了同行和观众的首肯。如《玉堂春》一剧,演出多从"起解"开始,沈先生为追求剧情完整,续上了前段表现苏三与王金龙爱情的一节戏。

这出戏重在唱功,有大段的慢板、原板、流水、快板。在揭示人物的内心演变上,沈先生的处理有许多亮点,剧中穿插了许多生动的表演以表现人物的情感变化。在苏三见王金龙的两次进院上场的处理上,均可见沈先生之用心。苏三第一次出场是慢节奏的,表现了苏三的无奈,当见到如意郎君后,苏三走至下场门突然转身翻袖回望,含情一笑,传递了盼望再次与王金龙相见的心愿。苏三第二次出场却采取荀派风格,舞着水袖快速圆场,走至王金龙面前又含羞一笑。

沈先生对这些程式的运用,不仅揭示了人物的内心世界,同时也充分凸显了戏剧程式的大美,并为后面跌宕起伏的剧情做了铺垫。

《玉堂春》这出戏,前段、起解、会审段落中均有剧情,唱词内容有三处重复。为了避免乏味,剧作者在会审一段中从西皮导板"玉堂春跪至在都察院"开始……王金龙突然问到状子上写的苏三却口称玉堂春是何缘故,一下把审讯谋害亲夫一案扯进了八府巡按王金龙与苏三的恋情中,加上陪审官刘秉义、潘必正官场"斗心"的穿插,立即使戏生动起来,增加了表演的戏剧性与观赏性,也使夹在审讯中的苏三的表演更加丰富。

在此段中,沈先生的几处表演极为精彩。刘秉义问苏三首次"开怀"的人是哪一个,这一问让苏三难以启齿,令王金龙甚为尴尬。在行腔中,苏三先含羞捂脸,再不断捋着小辫慌乱地回望两侧,最后只答"王公子"三字,机智地回避了尴尬,也让刘秉义大失所望。这生动而独到的表演获得了阵阵掌声,令人叫绝。会审结束后,苏三发现大堂上的八府巡按竟是恋人王公子,便突然上前对王金龙唱"我那三",顿时引来"堂威",王金龙立即用扇子遮面摇手示意不可,苏三无奈背过身去边行"郎"字哭腔,边连连伸出三指暗示王三公子的表演又是一绝。后来的探监一场中,王金龙给苏三赔礼时,苏三"斗气"的表情,源于生活,生动可爱。

沈先生这一系列不同凡响的创新,源于剧中人物的悲喜,深化了故事的主题,揭露了封建社会中妇女的苦难,充分展示了一个落入烟花之地的少女,对自由恋爱的向往及面对冤情屈辱的无奈。

戏剧程式的运用是因人物而异的,在同样是爱情主题的《春秋配》中,沈先生就采用了不同的表现方式。

《春秋配》中的姜秋莲是闺阁淑女,所以其不同于《玉堂春》中苏三的奔放活泼,其典雅娴淑,不失闺阁之气,同时也有少女天真的一面。

在这出戏中,沈先生有许多独到的处理,特别是在后半出戏中,沈先生南梆子的唱做,是其独有的"沈氏表演",这段有"八个问"。

起唱时,沈先生借鉴了程派《锁麟囊》中薛湘灵"夫人啊"的念法,一声从抑到扬、似唱非唱的"乳娘啊",引得满堂喝彩声,当唱到"住哪郡哪里家门"后,台下又是掌声四起。

前三问都是礼节式的,当唱到"可在庠可在监可有功名"这句难以启齿的问话时,姜秋莲左手抓住乳娘,右手绕腕伸出拇指,含羞遮面,不失媚态。沈先生这些表演都是在为后面的剧情做铺垫。

当姜秋莲得知李春发孤身一人时,在哭声中双手翻袖搭肩唱"儿的娘啊",乳娘一句"人家死了人,你哭的什么啊?",让秋莲不禁双手遮面。这时观众已渐入佳境。

之后的表演就是沈先生的独特表演。贸然问男子的年龄,是旧时女子的禁忌,但秋莲止不住爱慕之情而发问时,先向乳娘行过一礼,再下沉行婉转低腔,以示细语相求,和着"把他年龄来问"的唱腔,眼波流动,抛袖遮面,让观者眼前一亮,赢得阵阵掌声与惊叹。当乳娘拒绝询问时,秋莲慢步轻移至乳娘身后,牵住乳娘的衣袖,摇晃乞求,乳娘再次拒绝,她再移步将乳娘一推,那种娇媚之态,顿时引起了观众的叫好。

一个演员能灵活运用程式,那他就是好角。沈先生的借鉴是恰到好处的。欲问婚姻时,秋莲按捺不住地向李春发奔去,乳娘拦住她示意不可,她再唱"你问他",乳娘说"问他什

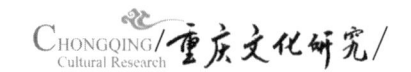

么呀"。这时和着过门，秋莲突然向右转身，右手翻起水袖，左手向上一翻，来了个柔美亮相，羞涩遮面一笑，这一静中取动的转身亮相，如神来之笔，使这出戏即刻变得灵动起来，令人折服。在下场时秋莲唱道："今日里实难忘仗义之人。"一声上扬的拖腔明亮柔美，引得台下观众掌声不绝。

纵观沈福存先生的表演，其独到之处是个"活"字，他把人物演"活"了，把戏演"活"了，把祖师爷的"玩艺"用"活"了。

沈先生的表演令人叫绝之处，是旧戏新演，往往让人发出"情理之中，意料之外"的感叹。他的唱、做、念皆从人物内心的"情"字出发，没有丝毫雕琢之气，具有美视美听、俏丽多彩的艺术大师风范。

1983年，重庆市京剧团赴成都、西安、北京、天津、南京、上海等地演出，沈福存带去了他的"三出半"代表作：《玉堂春》《王宝钏》《凤还巢》《春秋配》。这些演出大获成功，京剧界众多名家看了演出，好评如潮。

沈先生的表演艺术独树一帜，成就非凡。他的创新不是一招一式的创新，而是一个系列的整体创新，他把唱、做、念融为一体，环环相扣，就像用金线串起散落的珍珠，形成了一个精美独特的表演体系。

西方戏剧有"体验派"与"体现派"两大模式，而中国戏剧不但具有这两大派系的艺术元素，而且还有一种崭新的中国模式。沈先生在这崭新的戏剧模式中自由翱翔，他运用"学、思、变"的法则，创造出了一个个鲜活的艺术形象，达到了极高的戏曲境界。

六、授业传艺，桃李芬芳

2012年，沈福存先生成为第四批国家级非物质文化遗产项目京剧代表性传承人。作为罕有的男旦代表性传承人，沈先生一直不忘自己艺术传承的使命，他以谦逊平和的艺术情操以及广撷各流派精华的艺术胸怀，广收门徒，培养学生，如"梅花奖"得主、其女沈铁梅，获文华表演奖的程联群，获全国中青年京剧演员电视大赛优秀表演奖的李晓兰，等等。

沈先生经常在全国各地讲学，多次应中国戏曲学院的邀请为京剧研究生班做讲座。国家艺术基金2018年度艺术人才培养资助项目"沈福存京剧表演艺术之《玉堂春》研习班"，在重庆京剧团开班，学员来自北京、上海、天津、武汉等地。

如今，京剧大师沈福存虽已逝去，但他那精湛的表演艺术，深深地渗入京剧艺术的土壤里，代代相传，他的艺术芬芳将永远散发在中国戏曲的舞台上。

艺苑

重返东方——当代艺术邀请展参展作品选登

《午》雕塑 刘强（重庆）

《屠形·豹》雕塑 陈刚（重庆）

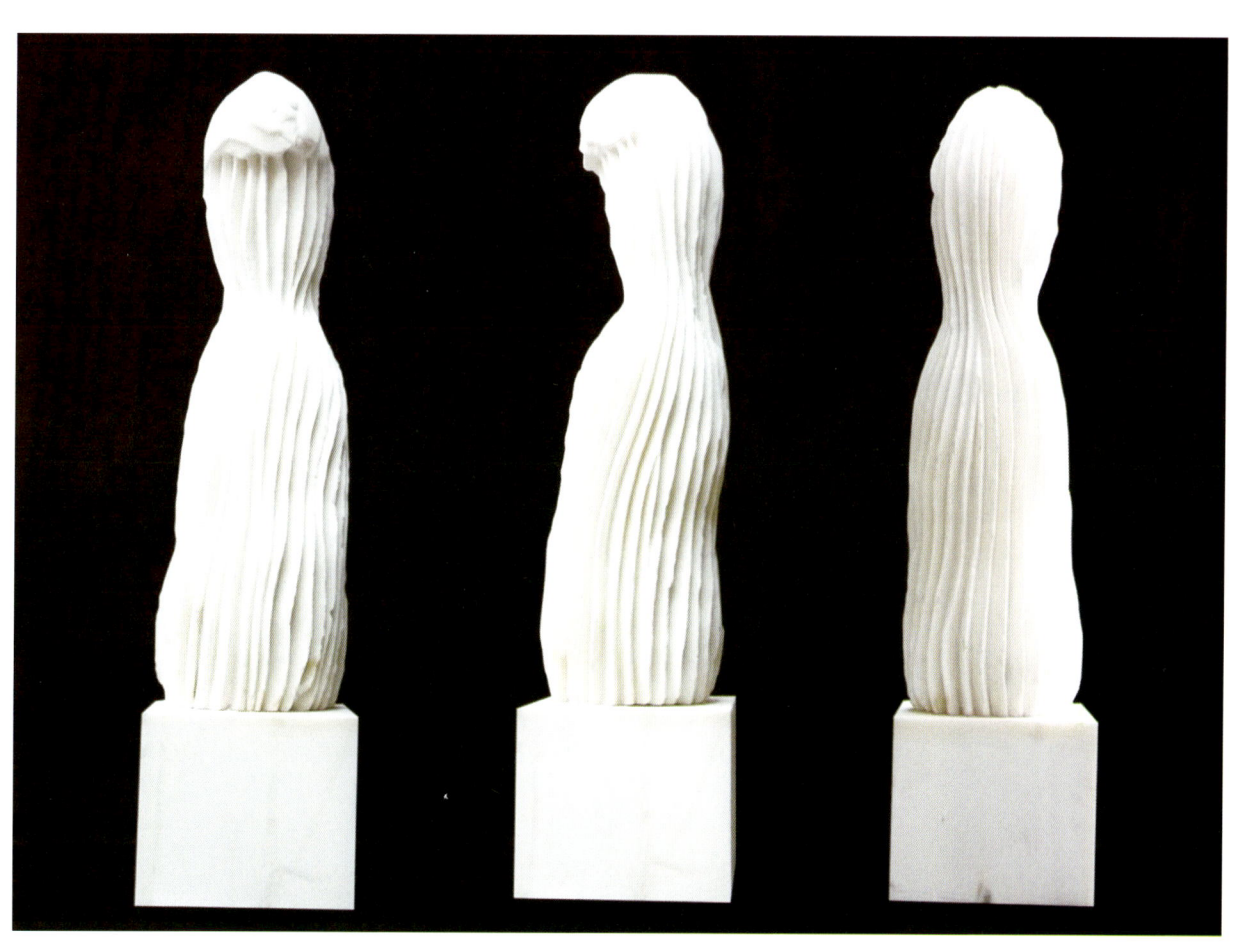

《阿婆卢吉低舍婆罗》雕塑 张少辉（重庆）

《人比黄花瘦》雕塑 王林（重庆）

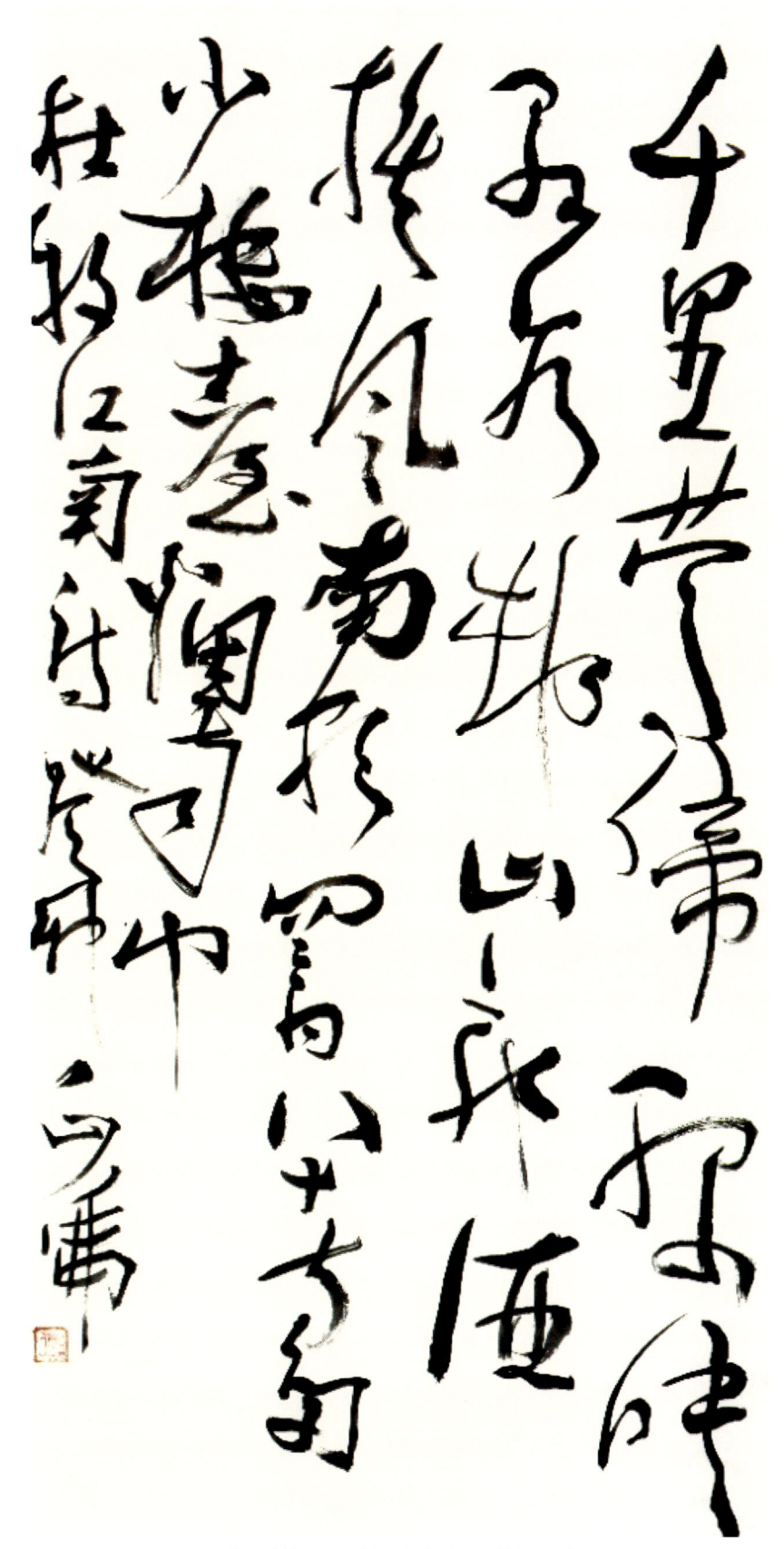

《杜牧诗·江南春》书法 邱正伦（重庆）

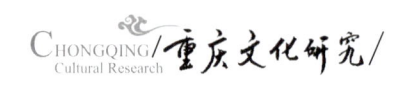

《意象生发——鸟系列之一》 中国画 马媛媛（重庆）

《金秋》中国画 曹境（重庆）

《早春远溪图》中国画 李月林（重庆）

《中国制造——长安1号》油画 黄剑武（重庆）

《纪游》油画 谢光跃（重庆）

投稿作品

《徐光启与利玛窦》油画 李根（上海）

《码头》油画 戴雨晓（浙江）

《梵高的向日葵》油画 华继明（北京）

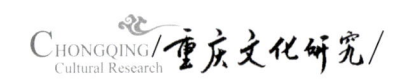

《山间听泉》中国画 杨娟（重庆）

《溪山雨晴图》中国画 谢添（山东）

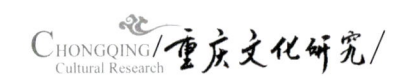

《水涨荷花高》 中国画 梁腾（澳门）

古美记

强雯

大众考古是近年来渐兴的一种生活方式、旅游方式,乃至社交方式。

地方博物馆以"引进来""走出去"的形式开办展览,为大众带来了诸多新鲜的文化信息。除去北上广等大城市里高等级的精品展,一些地级市、县城、乡镇里的博物馆开办的展览,虽然冷门、小众,却也如明珠闪耀。

延绵千年的中华民族古代美学在文物中闪闪发光,也折射出现代文明变迁的深根细脉,令人沉吟。

灯之远古

"别有千金笑,来映九枝前。"元宵月夜,天寒地冻,万物萧条,唯有万灯明耀,才能把家家户户门锁启开,将人心紧紧攥住。

灯是火的变异,是光明和温暖所在。中国有史以来,从上至下,在灯具上倾注了不少心力。

青铜灯出现于战国时期,盛行于汉代,式样众多,用途不断细化。行灯便是专用于夜间导行的灯,多为浅圆灯盘,直口平底,下有三矮足,一侧有执柄,自铭为"行灯"或"行烛灯"。

战国时期的青铜凤行灯、人骑骆驼灯,都是青铜时代的代表作。历史上,以骆驼为灯座的铜灯极为罕见。

河北出土的长信宫灯,现已是中古文化的代表作。长信宫灯通高48厘米,灯的形象为跪地执灯的年轻宫女,通体鎏金。宫女左手持灯盘,右臂上举,袖口下垂成灯罩。灯盘可以转动。灯盘上的两片弧形屏板可以推动开合,以调节灯光的亮度和照射方向。宫女身体中空,烟灰可经右臂进入体内,以保持室内空气清新。灯的各部分还可以拆卸,有利于清洁。长信宫灯造型自然优美、轻巧华丽,是一件既实用又美观的灯具珍品。

灯自古以来,是希望的象征。在岁末年初,举行一场盛大的灯会,既是对过往生活的圆满总结,也是对来年的美好期许。

西汉末年,刘秀统一天下,建立东汉,建都洛阳。为了庆贺这一功业,宫廷里张灯结彩,大摆筵席。后来,精美的彩灯制作技术传入民间,并以宫灯命名。

洛阳古城,是灯会频繁举行的地方。

公元610年,官方于正月十五在洛阳端门以外、建国门以内沿街搭起彩绘戏棚,"张灯结彩,火树银花"。

独乐乐不如众乐乐。《旧唐书》记载唐玄宗先天二年(713年):"初,有僧婆陁请夜开门燃灯百千炬,三日三夜。"可以想见其光明夺月色的热闹。

宋代灯会更是登峰造极。孟元老《东京梦华录》记载了北宋都城开封灯节"歌舞百戏""灯山上彩,金碧相射,锦绣交辉"的盛景民俗。

沧海桑田,到了清代,因为满族入主中原,官方不再举办灯会,但民间方兴未艾。

清代,自贡荣县的灯会被载入史册。

在民国赵熙版的《荣县志·礼俗》中记载着"西人来观亦欣然,京沪所不见也","诸技唐宋俱详焉",说明自贡荣县灯会的繁华超过北京、上海,此外还有踩钢索一类杂耍。另外,荣县牛王永庆会碑、铁山道上的石笋铺、杨泗崖上的荣县天灯会碑记摩崖石刻、自流井区仲权镇南华宫敬舍万年天灯碑记、贡井区五皇灯会石碑上,都有对当年盛景的描述。

新中国成立以后,四川自贡便开始筹办全国性灯展。

1964年,自贡举办了新中国成立后的首次迎春灯会,展出的1225支彩灯巧妙地布展于公园湖面,如名胜灯、花鸟灯、宫灯等。由此,正式拉开了自贡灯会传统的序幕。

每年春节前后,自贡都会举行为期2—3个月的迎春灯会。

1988年6月16日,自贡灯会在北京北海公园举办了专场展出活动,邓小平等国家领导人莅临现场观灯。

每年,很多游客都会远道而来,感受自贡灯会的魅力。

1992年,经国家文物局批准,在自贡建立中国彩灯博物馆。这座中国乃至世界唯一的关于彩灯文化的专业博物馆,于1994年正式对外开放。这座博物馆也成为收藏、保护、研究和展示中国彩灯的专门机构。

中国彩灯博物馆本身也是一尊艺术品。建筑由已故建筑大师戴念慈先生主持评审，按东南大学建筑系设计方案修建。整个建筑具有浓郁的民族风格和灯文化专业博物馆的特点，曾获中国建筑最高奖"鲁班金奖"。

我在中国灯文化历史厅中参观，博物馆工作人员跟在我身后为我讲解："非自贡出土的历史灯具，都是复制品，如长信宫灯原件，现藏于河北博物院。虽然这些是复制品，但都得到了当地博物馆、博物院的许可。"

这虽让人不免感到一些遗憾，但我知道所有铺垫都是为了高潮——自贡灯会。

为了节约成本，在灯展上展出的灯的寿命通常只有3个月，材质也并非最好。而博物馆要陈列同样造型的灯，灯的寿命至少一两年。在户外展示的灯一般又高又大，而在博物馆陈列的同样造型的灯，有些是按比例缩小了的。

有"灯王"之称的瓷器宫灯"龙腾盛世"灯组就是如此。它既是往年灯展上的宝贝，也是中国彩灯博物馆的镇馆之宝。为了将其挪到博物馆，工作人员只能同比例缩小一半，重新制作一组。这组灯全部由陶瓷勺、碟、碗、盘等捆绑而成，勺中有碟，碟中有勺，全是在景德镇定做的。宫灯顶端是一玉龙，目、口、鼻表现细腻，颈上长鬃高扬，体态矫健。宫灯的边框均由瓷器组建而成，八角样式，底部则是由瓷器搭建的几个龙头，眼睛是用灯做的。灯面上则是飞天。"灯王"体形高大、装饰精密繁复。

"人难扎，皮更难扎。"灯会上还有白雪公主、小矮人造型的灯，几乎人见人爱。制作人物造型时，最难的是让人物面部发光。为了让人物面部发光，过去用的是泥塑造型，再刷上一层玻璃光，可是这种光很快会失效，且透光性差。布艺造型是近几年技术革新带来的转变。布艺透光性好，但塑造人物偏难。可是灯会上的白雪公主和小矮人造型逼真，看起来完全解决了过去的难题。

直到今天，自贡市仍有20多处以"灯"或"灯杆"命名的地名和灯会遗址。如富顺县的点灯山、灯杆坝，贡井的万年灯、灯树坝，荣县的龙灯坝、灯夹林等。

每年灯会，都有浙江海宁和山西平遥的参展作品。

海宁的灯，精致小巧，更适合放在博物馆里陈列。海宁的灯展作品擅长用针扎技术绘画造型，凑近了看，更是针针精湛，细节都经得起推敲。海宁的宫灯，崇尚素雅，有青花瓷之风，古画本绣像之态。

平遥的灯，则多反映当地农村风貌。比如，丝扎工艺的羽人捧圈，配色为黄绿色。传统项目龙灯，都采用了极为浓烈的金黄、大红色，生动形象，让人想起山西民歌、黄土高原、落

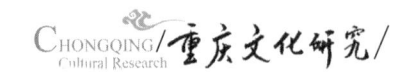

炕的人与缺口土碗。

风流才子唐寅挥毫"有月无灯不算春",道出了大众赏灯的情趣与乐趣。

一具好灯足可诠释一个王朝。繁复也好,清简也罢,都成了历史文化生动的注脚。

旗袍之远古

当大量的旗袍走进博物馆,会让人恍惚,是否误入了成衣橱窗?是时光在倒退还是舞台即将拉开序幕?

旗袍本是清代旗人的日常服饰,辛亥革命之后,海派旗袍应运而生。而海派旗袍的发源地上海,更是成了妇女解放的重镇。

汉族女子自古以来就是"三绺梳头,两截穿衣",到了晚清仍是以上袄下裙的穿法居多。短衫长裙,裙子普遍设计得宽大,样式有百褶裙、凤尾裙、月华裙等。清代旗女所穿之袍,衣身宽大,造型线条平直硬朗,长至脚踝。晚清时期,作为全国时尚风向标的上海,虽然女装争奇斗艳,一年数变,但是基本的形式仍旧为上衣下裙或上袄下裤。中式的袍褂、衫袄、马甲、裙、裤等仍是上海女装的主要类型。

上海博物馆里有一件黑底盘金绣镶花边对襟褂。底色为黑色,衣服表面绣有金线、银线交错的花纹,金葫芦、金叶,金团盘中有金线和红线交替绣成的牡丹花。肩部、前襟、衣摆处则以白色为底,绣有人物、花卉、假山、楼阁等。这件对襟褂有一种低调的奢华感,有富贵福禄之意,这种意蕴弥补了总体造型平直而宽松的不足。宽大的衣身虽然将人体完全遮蔽起来,但这种造型符合传统审美。细看针脚,这种款式一般是富太太穿,尤其是在重要的场合,如过生日、宴请、看戏时等。

以黑色压场,但花团锦簇,气势颇足。这样的袍服让人想到张爱玲《金锁记》中金锁的嗜财如命,求权如渴。

晚清时期富贵人家里的袍服,对细节是"不厌其繁",尤其舍得在边襟上下功夫。

紫底镶绣花边大襟袍便是一个典型。此袍在衣领、袖口、门襟、下摆开叉等处费尽心思。红、紫、蓝、白等花卉、蝴蝶交错而行,袍身整体呈上窄下阔之形状,上身和袖子部位裁剪合体。

还有一件黑底绣金的对襟褂,团花镶挽袖,简直就是艺术品。此褂的绣像装饰采用了礼制符号,胸前有一朵金团花,腰部左右也各有一朵金团花。金团花即用金线绣的圆团状花纹。

富贵不足看。那么老百姓的日常着装是何种呢？印花白布女袄，白色为底，藏蓝色的蝴蝶和葫芦满布。看上去素净、清爽。

到了20世纪20年代，海派旗袍有了明显的变化，在腰身和袖子上做了改进，流行起了倒大袖，上窄下宽。比如，有一件湖蓝绸面印花圆弧形下摆女夹袄就很典型，领口、门襟、下摆处均有黑缎滚边。

倒大袖短袄，十分受年轻女性欢迎，一度被称为"文明新装"。同样是上衣下裙的搭配，此样式在当时也可谓极其大胆的时装了。

软缎豆青短袄，延续了低调的奢华感。豆青色的面料上有夸张而繁复的暗纹。不过从这件短袄上可以看出袖子的改变。"改良版的倒大袖"，保留了收腰和圆弧形下摆的特色，这样风就不会恣肆地从袖子里灌进去，可谓又御寒又美观。

米色植绒镶花边长袖旗袍，是20世纪二三十年代的热门款式。旗袍长至小腿，衣袖还留有一些倒大袖的痕迹，边缘镶嵌有较宽的花边。全身的植绒呈圆圈状，中间有褐色小点作为点缀，是一种抽象了的板栗或荔枝图案，有含蓄的美感。

植绒面料手感细腻。比如一款植绒花卉短袖旗袍，充分体现了"花样年华"的质感。朱红色的牡丹与浅褐色的玫瑰，一朵接一朵盛开在米色植绒旗袍上。滚本色缎边，斜襟，简约又不失华贵。

黄底绣花缎面衬绒旗袍，长及脚踝，裁剪出了合体的窄袖，腰身略收，浅黄色缎面上绣着橘色花卉图案，素净文雅。

米色底绣龙旗袍特别抢眼。米色缎面真丝配传统龙纹绣花，两肩龙纹绣花呼应，短袖款的旗袍滚本色边，传统大襟盘扣，裁剪上有中西合璧的特色。很少有女人把龙的图案穿在身上，除非是武则天这类人物。然而上海开全国时尚之先锋，民间女性也可以"龙"袍加身，而且还穿出了女性的迷人风韵。这一件可谓是海派旗袍的一个代表。

1930年代，旗袍进入了鼎盛时期，成为当时中国妇女最时髦的服装。受到西方哥特、巴洛克、洛可可等美学以及立体服饰的影响，旗袍也开始向立体服饰造型转化。外国衣料的大量涌入，对服饰的变化也起了推波助澜的作用。比如，领子的设计，先是崇尚高领，后来又流行低领，甚至无领。袖子时而长过手，时而又短至肘部。两边开叉很高，腰身变得极窄，更凸显了女性的曼妙身材。

据史料记载，彼时上海时装的核心是美术，往往由设计师在报刊上刊登设计的款式，待读者看中便按此款式制作成衣。画坛名流叶浅予、方雪鸪、张乐平、江小鹣等都曾做过服装设计。以叶浅予为例，他在1931年至1933年间为《玲珑》杂志画服装设计插画50余幅，并曾担任云裳服装公司的设计师。

无袖旗袍偏西化的无袖、收腰、收臀设计，能显现女性的曲线美。有一件红面绣花无袖旗袍，中国红的真丝面料上，在胸部、腰身以下镶嵌有红花黑叶。黑底白色花叶刺绣做滚边，热情又不失精致。

旗袍上的领子可不可以拆换呢？答案是肯定的。这也是突破传统的一种方式，在正式场合要把旗袍的领子高高竖起。

豆沙色绸面印花中袖旗袍的领子就可拆换。几何暗花织锦缎面的中袖夹袍适合春秋两季穿着，其中领口处有可以脱卸的机绣花边的白色衬领，既美观又方便。

其实假领的设计最早始于1820年的美国，当时用于男款衬衫，名为箭牌领。后来的40年里，假领子风靡美国，专门生产假领子的工厂也应运而生。西风东渐，海派旗袍也吸收了这种设计。

1935年，由蔡楚生执导的电影《新女性》上映。阮玲玉饰演的知识女性韦明遭遇婚姻失败后，期望依靠自身力量和女儿一起生活下去。在事业和情感中，她不妥协，不顺流而下。着一身旗袍的韦明，浑身有着一股与命运抗争的力量。

旗袍是具象，亦是象征。

为了降低成本，设计者省去了刺绣的繁复，开始在旗袍上直接印花，花色便多了起来。比如用枫叶作主角，枫红色是吉祥色，是生命和年轻的象征。女人的柔与有棱角的枫叶在美学上是对抗的，又是和谐的，形成了一种形式和意义上的冲突美感。

还有直接以"海上花"命名的旗袍。上海市市花是白玉兰，张扬、洁白、硕大，将白玉兰镶嵌在旗袍上，仿佛穿者也随着旗袍上的白玉兰一同芬芳起来。

电影《花样年华》《色戒》中，都有不少表现海派旗袍的画面。旗袍风很早就飘到了世界大舞台。皮尔·卡丹曾说："在我们的作品中，有很大一部分作品的设计灵感来自中国旗袍。"连作家张爱玲也时常穿着旗袍展现自己的魅力。可见，旗袍真不是落伍老套之物。

直至今天，各种改良的旗袍还在生活中出现，与旗袍有关的文化还在延续，而一代代手艺精良的裁缝，也让两片云裳充满了故事。这些故事大概是张恨水的《金粉世家》、王安忆的《长恨歌》，或者是王家卫的《爱神》。

枕之古

瓷枕冰凉，硬朗，花样繁复，内部中空。枕面上，以青花缠绕或是龙凤图案为装饰，让人赏心悦目。瓷枕既可以枕头，也可以枕脉，还是夏季的清凉佳品。

清代的乾隆皇帝曾有诗赞："瓷枕通灵气，全胜玳与珊。眠云浑不觉，梦蝶更应安。"可见瓷枕可以给帝王将相带来安逸、宁静，使其忘忧忘恼。

隋唐时，瓷枕的制作便运用了包含二彩、蓝彩等广义上的唐三彩以及绞胎这种纯熟的技法。但那时的瓷枕还是小范围的皇室贵族"专供品"。

到了宋代，瓷枕一下子就变得普遍了，尤其是在民间。山西出土的金朝文物中，有上百件瓷枕。这些瓷枕大部分是明器，即陪葬品；也有小部分供生者使用，即放在卧榻之处，取其冬暖夏凉之效，或为辟邪用。

北俗南移，东风西渐。

在重庆璧山、永川等地也有出土的瓷枕，但都不成规模，而且年代靠后，大多是明清时期制品。

值得一提的是，重庆永川博物馆中有几款色彩鲜艳、造型各异的瓷枕，中间凹处呈铜钱状，或者是外圆内方，或者是外圆内圆，镂空设计。以钱币作为主题的永川陶枕，倒真正是黄粱一梦的"代言人"了。

在1987—1988年发现并确认的永川汉东城遗址中，就发现了大量唐宋时期的陶瓷片、部分汉代陶片，少量新石器时代和商周时期的陶片。永川不乏唐宋时期的陶瓷珍品，一些明代瓷枕让人眼前一亮。比如重庆永川博物馆馆藏的一款明代的三彩蝴蝶形瓷枕。全枕以黄釉和绿釉上色，层次分明，边缘晕染色彩，造型为蝴蝶展翅，其双层蝶扇，取义于庄周梦蝶。瓷枕中间是外圆内方的钱孔，头颅般大小。

而另一款明代的三彩瓷枕则略有不同。枕头左右两沿上翘约45度，中间下凹。下凹处是外圆内方的铜钱。整体上绿釉，两头凸起的枕沿有圆形镂空的设计，正好和钱币的镂空设计相呼应。这款瓷枕，远看还有点金元宝的形态，只是比较隐晦罢了。

在永川博物馆，有三款青花款式的清代瓷枕，雅中带贵。

第一款为青花牡丹纹蝴蝶彩瓷枕，长44厘米，宽24.5厘米，高13.5厘米。枕头分为两层，整个造型为蝴蝶展翅状，中间头托是一个外圆内方的铜钱，圆形铜钱边缘外还有花瓣纹装饰，枕头边缘则是青花牡丹花纹装饰。富贵的象征元素都有了，然而青花一登台，又增添了几分雅致,消解掉部分俗气。

第二款为青花缠枝牡丹钱纹瓷枕,设计得较为繁复。这款花色是常见的"蝶恋花、花缠枝"图案,枝枝蔓蔓眼花缭乱。枕头整体设计为梯形,但中间是凹进去的,呈"凹"字状。凹槽中几乎是镂空的,一沉到底,造型为外圆内方的钱币。枕面上,蝴蝶、牡丹花交错,繁复却趣味横生。青花善于极繁,也善于极简。这种善变之美,大概也是世人喜爱青花的原因之一。

第三款为清代绿釉瓷枕。中间的头托处作黄釉色的钱孔状,钱孔外是牡丹花的小卷边,两翼和护颈施以绿釉,中间叶片的经脉用黄釉勾勒。造型虽然简单,但主题明确。

博物馆工作人员介绍,这些瓷枕是从永川民间征集而来的,有的形制相同,如成对出现的,就只展出了一个。

蝴蝶或花瓣状的瓷枕,颜色鲜艳,绿釉、黄釉叠加,好看是好看,但实用性不强,一不小心,蝴蝶的翅膀就会断掉,而且三彩烧制后,瓷枕铅含量过高,长期使用对人体是有害的。

再一看,永川陶枕的头托处设计成外圆内方的铜钱,呈镂空状,便于透气,散热。

风景这边独好

龙麒麟

一

我想说的1983年,那是一段对我来说回味悠长的日子。

先说根娃吧。他叫李志根,这"根"字的谐音字之一就是耕田的"耕"。这要怪他父亲,取的这个名儿就不像是希望他上大学有出息。根娃读书很努力,可脑瓜子不行。"志在耕田嘛,要那么多文化干啥。"这话是根娃自己说的。我认为,既然这样,你还那么努力干啥?这只是自我解嘲罢了。不过很多人都是这样,包括我自己。说实在的,读书不是一件容易的事,要比其他同学成绩好,就需要跟其他同学竞争,这是一场看不见硝烟的"战争"。

那是一堂化学课,老师讲水的"三态",讲完以后便提问。秦大汉在交头接耳,而且在笑,老师便抽到了他,想让他出点洋相,然后批评他,整顿课堂纪律。秦大汉站了起来,摇着头、晃着脑地朗诵起诗来:"啊!珍菊,你是一朵花,开了一坝坝……"

同学们哄堂大笑,老师也忍俊不禁,大家把目光一齐射向了阳珍菊。

"二流子!"阳珍菊红着脸低下了头。

"二流子不是我,是根娃!"秦大汉扬扬得意地掏出了一页诗笺。

根娃站了起来,理直气壮地说道:"黑格尔说,赞美女性是男人的美德!"

天知道这句话是不是黑格尔说的,但从根娃嘴里说出来,让大家不由得对他刮目相看。

阳珍菊确实漂亮,是不少同学的梦中情人。我觉得班里能配得上她的是凌志。这家伙成绩好得出奇,连老师做不出的数学题他都做得出来。

凌志是一部学习机器,阳珍菊也是一部学习机器。虽然都是机器,却各有不同。所以我就想:"阳珍菊,你这是何苦,班上你比不过凌志,上了高中你比不过的更多,大学是个梦,

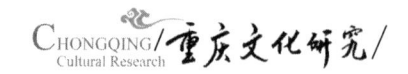

梦想成真不容易。"我是这么想的,也是这么说的。秦大汉听到这话后跑去跟阳珍菊说:"阳珍菊,马三说你上大学是做梦!"

这话一经转述就变味了。我是看阳珍菊学得那么苦,有些同情她,经秦大汉这么一说,变成了恶毒的鄙视。根娃的诗让阳珍菊脸红,我的话让阳珍菊生恨。她看我的时候,目光不再柔和,常常是狠狠地剜我一眼。

秦大汉那点花花肠子我明白,我对他说:"她是天鹅在天上飞,你就像小狗在地上追,使劲吧!"

秦大汉笑了,以为我在夸他。

这就是我的1983年。在蝉声初唱的季节,我们毕业了,在一个叫季家的公社中学。考上重点高中的只有凌志,阳珍菊考上了一所普通高中。

我们这些没考上的只好回乡务农了。这一天的到来原是意料中的事,可真的到来时却让我们受不了,心里空落落的。

那天,根娃、秦大汉,还有四春、同生来找我。他们说想喊凌志,想了想还是算了。我知道他们还想喊阳珍菊,可谁都没那个勇气。

我们上了妙高山,散坐在一块青石上,山下不远处就是我们的学校,往事就像天上的白云,一朵朵从我们头顶上飘过。

二

两条小河围着百来户人家的小场镇而过。那河实在太窄,撑竿便可以一跃而过。这小场镇名叫双河,想来有些名不符实。名不符实的还有双河职高,一共两个班,1983年创立,我们是第一届学生。

记忆中的第一堂课。宋老师在黑板上使劲地写,粉笔灰纷纷滑落。

"三百六十行,行行出状元!"

这十个字让我们感到好笑,也让我们心里充斥着淡淡的忧伤。它仿佛在宣告,我们是群落榜的学生。

"你们知道高俅吗?"宋老师问。

有人知道,也有人不知道。

我想:"这有用吗?北宋那个皇帝只需要一个会踢球的,这不比高考更难吗?"

没有人回答。

宋老师又说道:"还有打篮球、打乒乓球、骑自行车、长跑、短跑……"

宋老师使出浑身解数鼓励大家,但并没有什么效果。

最后,他双手撑着讲台,用无奈的口气说道:"请同学们谈谈自己的想法吧。"

沉默,很长一段时间的沉默。

终于有人站了起来,那人就是秦大汉。他摆出一副不在乎的样子说道:"老师,不用说了,我们学生是歪货,学校也是歪学校,混三年就算了,好歹也算个高中生,将来去当兵。"

"学校不歪,你们更不能歪!"宋老师说道。

秦大汉不理睬宋老师,继续说:"学校可以办个武术班,让我们学几招,将来去部队可以进特务连当特种兵,说不定还能混个连长、团长。"

在一片笑声中,宋老师说:"这个提议不错。"

"可以办个家电修理班。"四春说道。

还有人提出养鱼养猪、种植果树,也有人提出写作,提出搞音乐、美术。仿佛是到了惊蛰,教室里一片"蛙声",宋老师笑了。

这就是1983年,改革的大潮风起云涌,冬天里蛰伏的欲望开始苏醒。不过我们是肉眼凡胎,看到的依旧是日出日落,春夏秋冬。

学校真还按大家说的成立了各种兴趣小组。

因提议成立的武术班找不着教练,秦大汉便约了几个同学去乡下拜了个"打打匠",也算成立了一个武术班。

那是一段好耍的日子。数学、物理、化学不再让人感到头痛,老师讲了,学生听了,谁也不会去计较什么成绩。我们不去忧虑未来,每一天都过得特别快乐。

学校弄来了几台黑白电视机和一些收音机。不到一年,这些电视机就被弄坏了,但不少同学的手艺也学得差不多了。特别是四春,不但能修,而且能装,谁家家用电器坏了便来找他修理,或三元,或五元。有了钱,日子就有了阳光。

我和同生参加了文学组。宋老师的写作水平不敢恭维,可他教了我们一个笨办法——把自己的作品拿出来大声朗读。每天早晨,我们在校园里声情并茂地朗读,不标准的普通话让路过的女生掩口而笑。写了一段时间后,同生的文章居然在县报上发表了。

根娃参加的自然是种植养殖小组,除了学习理论知识,他还做起了各种试验:在校园一角搞嫁接,那棵树却一直未挂果;在家里给母猪配种,却把母猪注射死了。

充实快乐的校园生活如阳光般照耀着我们每一个人。

花儿在开,蜜蜂在飞舞,阳光下走着身背画板的男生,达·芬奇和毕加索在他们的长发上闪烁。月光如银,音乐小组的男生,弹着吉他,唱起了《红河谷》。

秦大汉做了两套武术服,一黄一白。他还剃了一个大光头,活脱脱一个"少林弟子"。有女生在,他就会摆造型,最常见的是"金鸡独立"和"白鹤亮翅"。

有一次他做"金鸡独立"时,一不小心跌坐在地上,引来一阵哄笑,不过笑的都是女生,男生不敢,因为秦大汉人高马大,还有点武功。

只有矮小的根娃不怕他,他俩是老表,根娃说秦大汉:"就像孔雀,展开了美丽的翅膀,却露出了不雅的屁眼儿。"秦大汉听了只是笑了笑,走过去刮了刮根娃的鼻子。

毕业那一年,有个叫李显扬的同学骑着摩托车来到校园,一下子带走了所有女生的目光,看着美丽的女同学乘车而去,不少人心里欲哭无泪。

根娃总是语出惊人,他说:"大丈夫何患无妻,摩托车算什么,十多年后老子开奔驰。"

三

1983年拉着脸儿过去了。笑的日子、哭的日子把我们送出了校园。

靠父母供给的日子结束了。四春去了大城市,开始了他的电器修理生涯。秦大汉当了兵,去了西藏。同生去了北京,成了"北漂"。我马三成绩较好,真的是较好,比不上阳珍菊,更比不上凌志,但就是凭着这较好的成绩,考上了公务员,当上了乡镇干部。根娃自然是回乡务农。凌志和阳珍菊,我们不好意思去打听他们。同学,只是代表了我们逝去的一段时光。

日子变着脸儿追向未来,不断叠加的日子让我们淡忘了1983年。当我们再回忆起这段日子的时候,我已是一个副处级的公务员;四春变成了一个卖家电的老板,资产上千万;同生成了一名作家,在一家杂志社当副总编辑;秦大汉转业以后,开武馆,办保安公司,日子过得不错;根娃回乡后,先是承包了一座水库养鱼,挣得第一桶金后又承包了几座荒山,在专家的指导下,开茶园,种板栗、核桃,还搞养猪场和林下养鸡,是赫赫有名的企业家。

桂花飘香的季节。根娃的奔驰车接来了宋老师和胡老师。胡老师是我们初中的班主任。根娃的山庄位于一处清幽之地。香甜美酒,生猛海鲜,加上一轮明月和几缕秋风,师生相聚甚欢。看到自己的学生取得了成就,两位老师也感到很欣慰。

宋老师说："当初我说'三百六十行，行行出状元'，你们不信，如今呢？"

胡老师说："我当初一点也不看好你们。"

一声叹息，三分自责，七分不明白。胡老师说，凌志去了重点高中，成绩被比了下来，不过高考还是上了本科线，阳珍菊却是一连考了三年才考上了一所普通高校。

老师的夸奖、老师的叹息让我们心里多年的自卑彻底消除了，不管他俩混得如何，我们都可以毫无愧色地站在一起，找回同学的感觉。

四

李大董事长约我喝茶，赶去的时候，四春和秦大汉早已在那里。

"他俩都在教书。"

根娃，我们的李大董事长轻轻地讲了一句。不用说，我们知道"他俩"是谁。人性中的卑劣变作笑容写在我们脸上。

根娃掏出手机，按了一串电话号码后，把它平放在桌上。

"你好！请问——"

声音一点都不熟悉，但我们知道是谁。曾经不可一世的凌志竟然变得如此谦卑。

"我是李志根，还记得吗？"

"噢，记得，听说你们发展得都不差，四春和你是大老板，马三是处长，同生是副总编辑。哎——"

"哎什么，想不起我了吗？"

"噢——你一定是秦大汉。我知道。武馆，保安公司，也是老总吧。"

"凌志，我是马三，感谢你对我们的关注，可你为什么不与我们联系呢？"

手机好一会儿才发出声音："马处，当年我考上大学，不，上高中的时候我们就没有联系了，我是不是有些趾高气扬？"

大家你看看我，我看看你，四春上前一步说道："毕业那天，在高高的妙高山上，我们大家都想起了你。"

"我不知道，你们为什么不通知我呢？难道就因为我考上了重高？看来我真的有点——"

没人愿意回答。良久，手机那头传来上课的铃声。根娃拿起手机说道："过年的时候，咱们开个同学会,我在网上给你订两张机票,和你妻子一同回来吧。"

"嘟嘟嘟……"手机传来忙音。

"又打。"秦大汉说。

"打谁?"根娃问。

秦大汉挤眉弄眼地说:"阳珍菊呀!"

五

一辆奔驰,一辆宝马。本来两辆车就够了,可秦大汉不服气,非要开他那辆本田。这样也好,我坐四春的宝马,同生坐秦大汉的本田,根娃带了他的妻子。

轿车在高原上奔驰。天是那么高,那么蓝,可慢悠悠飘荡的白云似乎伸手可触,远处的雪山,近处的荒原,难觅的人踪,苍凉的感觉,和着些微的风,灌入我们心中。

山坡上,孤零零的三排砖房。

她出来了,困惑的目光逐渐清晰。"是你们呀!"一声惊呼,曾经的面孔终于在她脑海里复活。

夕阳下的高原刮起了寒冷的风。四张课桌拼成一张大桌,牛羊肉冒着热气,青稞酒飘着清香。

工作、结婚、生子,二十年的岁月中似乎就这么几件事。她说她大学毕业时,国家正好不包分配了,她在各个大城市辗转,干过公司职员、小报记者,最后到这儿来做了一名教师。

她娓娓述说,淡然地将自己的经历讲了出来。我们仿佛又看到了她那山村一样的安详和小河一样的娴静。来时想要炫示的心被这高原的风吹得干干净净。一份淡定,让我们知道了什么叫浅薄。

秦大汉喝下一大口青稞酒,抹着嘴说:"阳珍菊,我来告诉你,马三是处长,同生是副总编辑,四春是大老板,根娃更不消说,董事长!只有我不长进,开个武馆加个保安公司,日子还算滋润。"

"是啊,你们都很成功。不过我认为,人生路上会看见各种风景。有一次我和我先生去爬一座山,在半山腰时,看万木葱茏,山花盛开,流水潺潺,觉得风景这边独好。爬上山顶,看山那边,依然是万山耸翠。就像这高原与都市,苍凉是美,繁华也是美。自己的日子有自己的精彩。倾注一份感情,就有一份热爱,不去计较,就不会有遗憾,沉溺在失去中就不会有未来。"

"不不不，阳珍菊，你听我说，如果你不去那啥鬼高中，和我们一起读职高，难道你不如马三？说不定你现在都是厅长了。那时公务员好考，若是现在，十个马老三也考不起。所以说，人生的道路千万条，关键的只有一两步。"

我真想扇秦大汉两耳光。世界上有无知的人，而最无知的那一个，就是秦大汉。他永远不会知道什么叫风景。

"我们要走了。"

阳珍菊送我们到校门外。

根娃说："阳珍菊，我想为你们学校修一座体育馆。"

"谢谢老同学。"阳珍菊笑着说。

汽车发动了，从后视镜里看见阳珍菊还静静地伫立在那里，根娃熄火走下车，对着阳珍菊大声地吼了起来："啊！珍菊，你是一朵索玛花，开在高原，美在天涯！"

阳珍菊抬起了手，在风中轻轻地挥动着。

地址：重庆市渝中区枇杷山正街93号

邮编：400013

编辑部电话：(023)63880156　63880157

电子邮箱：cqwhysyj@126.com

微信公众号：cqwhysyjy

网站：www.cqwhysyj.cn

重庆文化艺术研究QQ群号：294222082